Köstliche
Käsekuchen

Elisabeth Lange

Köstliche
Käsekuchen

Weltbild

Inhalt

Fruchtige Käsekuchen

Ob frisch oder eingemacht, ob heimisch oder exotisch, mit Obst lässt sich eine Vielfalt an saftigen und cremigen Kuchen und Torten zaubern, die garantiert für glückliche Gesichter an der Kaffeetafel sorgen.

Seite 57

Käseminis

Klein, aber fein sind die köstlich gefüllten Muffins, Törtchen, Schnitten und Omeletts, bei denen man gerne öfter zulangen darf. Ob als kleines Mitbringsel zum Nachmittagskaffee bei Freunden oder als Dessert, die kleinen Gebäckstücke kommen immer gut an.

Seite 113

Kleine Käsekuchen-Kunde

Käsekuchen – Backwerk mit langer Tradition

Wer hat ihn erfunden?

Die große Tortenschlacht, sich einmal rundherum satt essen an süßen köstlichen Kuchen, das zählt auch heute zu den liebsten Visionen vieler, die im Alltag jede Kalorie zählen müssen. Feines, selbst gemachtes Gebäck ist eine Augenweide, Gaumenschmaus und Ausdruck gehobener Esskultur, sein herrlicher Duft und seine zarte Struktur sollen den Gaumen verwöhnen.

Das gilt auch für die vielen köstlichen Käsekuchen, die in diesem Buch zu finden sind.

Schon um 200 vor Christus, so ist es überliefert, kannten die Römer eine Art von Käsekuchen. Und im 17. Jahrhundert backte ein Koch das erste deutsche Exemplar für seinen Kurfürsten in Heidelberg. Die Kochbücher des 17. Jahrhunderts sind voll von Hinweisen auf köstliches Käsegebäck. Das ist auch kein Wunder, denn die Hauptzutat, saure Milch oder Quark, war in den bäuerlichen Haushalten immer vorrätig.

Auch Daniel Defoe, der berühmte englische Autor des »Robinson Crusoe«, berichtet im Jahr 1726 von einer reichen Vielfalt englischer Käsekuchen-Spezialitäten.

Die Geschichte des Backens

Die Tradition der Hausbäckerei, wie wir sie heute kennen, entstand erst im Laufe des 18. Jahrhunderts. Denn zu dieser Zeit lernten die Müller, feines weißes Weizenmehl ohne die bis dahin unvermeidlichen groben Kleiebestandteile herzustellen.

Das weiße Mehl ermöglichte eine vollkommen neue Vielfalt von Gebäckarten. Es wurde Sitte, Eigelb und Eiweiß getrennt voneinander aufzuschlagen, der erste biskuitähnliche Kuchen kam in den Backofen.

Wahrscheinlich entstanden etwa um diese Zeit auch die ersten modernen Käse- oder Quarkkuchen, die in der Schweiz Quarktorte und in Österreich Topfenkuchen genannt werden.

So viele Rezepte es auch geben mag, Quark, Schichtkäse oder eine andere Frischkäsesorte, Eier und Milch sind so gut wie immer Bestandteil des Rezepts.

Sicher ist der Käsekuchen im Laufe der Jahrhunderte öfter neu »erfunden« worden. Denn in vielen Ländern der Erde backt man diese gehaltvolle, saftige Spezialität nach ganz eigenen Rezepten.

So besitzt der typische amerikanische Cheesecake einen Boden aus Kekskrümeln. In Polen kommt »twaróg«, eine Art von Quark, die man in Deutschland kaum bekommt, in den Käsekuchen. Korsen schmeckt der Kuchen nur mit »Brocciu«, einem kräftigen Quark aus Schafsmilch. Schweizer und Deutsche lieben ihn mild säuerlich mit Mürbe- oder Hefeteig, Italiener backen ihn mit Ricotta. Und selbst in Japan kennt man Käsekuchen. Die Liste nationaler Traditionsrezepte ließe sich sicher noch lange fortsetzen.

TIPP

Wenn Sie einmal keine Lust haben, den Backofen anzumachen, dann versuchen Sie es doch mit einem Käsekuchen, den man nicht backen muss: Rezepte dazu erkennen Sie an dem Eiskristallsymbol! ✳

So gelingen Käsekuchen: Die Zutaten

Welches Rezept man auch immer auswählt, Backen ist und bleibt ein kreatives und gleichzeitig sinnliches Vergnügen.

Neben Quark, Schichtkäse und den diversen Frischkäsespezialitäten sind Mehl, Eier, Zucker und Fett die Ingredienzien, die in fast jeden Käsekuchen gehören.

Es lohnt sich also, etwas über die speziellen Eigenschaften dieser Grundzutaten zu erfahren. Denn wer genau weiß, wie ein Teig »funktioniert«, der erlebt nur selten unangenehme Überraschungen und dem misslingt kaum ein Kuchen. Backen macht nämlich viel mehr Spaß, wenn man die Sache im Griff hat.

Das richtige Fett

In einem Kuchenteig ist Fett allein schon deshalb so wichtig, weil es die Aromen aller Zutaten verbindet und verstärkt. Es spielt also eine zentrale Rolle für den guten Geschmack. Außerdem macht das Fett die Teige mürbe, gibt ihnen eine schmelzende Struktur und bewahrt sie vor dem Austrocknen.

Bei einigen Gebäcksorten wie beispielsweise beim Mürbeteig sorgt allein Fett für die lockere, zarte Struktur. Je mehr man nimmt, desto mürber wird das Gebäck, und es zergeht regelrecht auf der Zunge.

Welches Fett in den Kuchen kommt, entscheiden der Geschmack und natürlich das jeweilige Rezept. Noch im 19. Jahrhundert war Rinderfett gebräuchlich. Gänse- und Schweineschmalz hatten noch bis zur Mitte des letzten Jahrhunderts beim Backen ihre Liebhaber.

Doch in der modernen Hausbäckerei werden solche Schlachtfette heutzutage nur noch sehr selten verwendet.

Butter oder Margarine?

Neben der traditionsreichen Butter ist auch eine gute pflanzliche Backmargarine für die Mehrzahl der Rezepte ebenso gut geeignet. Butter hat den angenehmen Schmelz, doch auch das geschmeidige Pflanzenfett gerät beim Rühren schön schaumig und luftig-porös. Beide Fette verbinden sich im Teig gut mit dem Mehl, damit beim Backen eine feine, gleichmäßige Krume entsteht.

Ob Butter oder Margarine, beide Fette verteilen sich gut im Teig und harmonieren mit allen denkbaren Backzutaten und Gewürzen. Auch reichhaltige Cremefüllungen geraten, mit Butter oder Margarine aufgeschlagen, ausgezeichnet und halten sich mit Frischhaltefolie bedeckt und gut gekühlt über mehrere Tage aromafrisch.

Öl

Geschmacksneutrale Speiseöle und hoch aromatische kalt gepresste Öle kommen vor allem beim Quark-Öl-Teig ins Spiel. Quark-Öl-Teig eignet sich sowohl für süße wie auch für pikante Kuchen vom Blech. Geschmacksneutrale Öle sind beispielsweise Raps- oder Keimöl, aber auch Erdnuss- oder Sojaöl.

TIPP

Legen Sie sich wenn nötig auch etwas Mehl zum Bestäuben der Arbeitsfläche, Fett für die Form und Backpapier bereit. Bevor Sie loslegen, sollten Sie immer erst das gesamte Rezept durchlesen, dann kann auch nichts schiefgehen.

TIPP

Backwerk aus Quark-Öl-Teig sollte möglichst rasch verzehrt werden, da es schnell austrocknet. Bewahren Sie es am besten in einer Frischhaltebox im Kühlschrank auf.

*Mehl sollte
immer erst
gesiebt werden,
bevor man es mit
den restlichen
Zutaten ver-
mischt, so wird
es schön aufge-
lockert.*

Das richtige Mehl

Mindestens ebenso wichtig wie Fett ist für das Gelingen von Kuchen, Gebäckteilchen und Torten das richtige Mehl.

Kuchenmehle werden aus »weichen« Weizensorten gemahlen. Weich nennen die Experten ein Mehl, das nur wenig vom gummiartigen, elastischen Klebereiweiß enthält. Viel Kleber würde feine Kuchenteige zäh machen und nach dem Backen strohig.

Deftige Brot-, Strudel- und Blätterteige dagegen gelingen gerade mit Mehlen aus »hartem« Weizen sehr viel besser. Hier ist das Backergebnis umso besser, je mehr Wasser der Kleber aufnimmt und je elastischer das Gerüst ist, das der Kleber im Teig bildet. Die sogenannten »doppelgriffigen« Mehle und Spezialmischungen zum Brotbacken enthalten deshalb mehr Klebereiweiß als Mehle zum Kuchenbacken.

Unser gewohntes weißes Kuchenmehl nimmt viel Flüssigkeit, Ei und Fett auf und verbindet die Zutaten zu gleichmäßigen formbaren Teigen. Wird also in unseren Rezepten einfach nur Mehl genannt, ist immer dieses feine Mehl der Type 405 gemeint. Fast genauso

hell ist ein Allzweckmehl der Type 550, das Sie ebenso gut verwenden können.

Mit dem Bio-Trend kamen auch beim Kuchenbacken wieder Vollkornmehle in Mode, weil sie ballaststoffreicher und vitaminhaltiger sind. Frisch gemahlene Vollkornmehle eignen sich vor allem für herzhaften Hefekuchen und fettreiche Mürbeteige. Sie verleihen ihnen ein angenehm nussartiges Aroma und eine kernige Teigstruktur. Bevor Sie Weizenmehl zum Teig geben, sollten Sie es vorab sieben. So wird es aufgelockert und verbindet sich besser mit den restlichen Zutaten.

Backpulver

Backpulver macht das Backwerk luftig und locker und hebt den Teig. Es sollte trocken und kühl aufbewahrt werden. Bevor Sie das Backpulver an den Teig geben, sollten Sie es mit dem Mehl vermischen und am besten beides sieben.

Verlockende Kristalle: Zucker

Zucker macht Kuchenteige nicht nur süß, sondern trägt auch zu ihrem Gelingen bei. Rührteige beispielsweise verlieren ihre feine Struktur und fallen zusammen, wenn anstelle von Zucker Süßstoff in den Teig kommt. Ein Kuchenteig ohne Zucker würde keine braune Kruste bekommen, sondern nach dem Backen fahl und gelblich aussehen.

Zucker ist außerdem die liebste Zutat der Hefezellen. Hefeteige gelingen zwar auch mit Süßstoff, müssen dann aber erheblich länger gehen, weil die Hefe Zeit braucht, um die Stärke aus dem Mehl in Zucker umzuwandeln.

Bevor Sie beginnen, sollten Sie sich die Zutatenliste genau durchlesen und alles in Reichweite bereitlegen.

Kristallzucker löst sich beim Aufschlagen von Margarine oder Butter auf, stabilisiert die Masse und hilft, die Luft darin festzuhalten. Je größer die Kristalle des Zuckers, desto länger dauert es, bis sie sich im Teig auflösen. Deshalb sollten Sie zum Backen »feine Raffinade«, also einen Zucker mit sehr kleinen Kristallen verwenden. Oder Sie greifen zu Puderzucker, also gemahlener Raffinade. Denn: Je feiner der Zucker, umso schneller löst er sich auf. Es kommt auch hier auf das Maß an. Ist die Menge richtig, macht Zucker den Kuchen locker. Sind zu viele von den süßen Kristallen im Teig, wird das Gebäck klein, fest und schwer.

Locker und lecker: Eier

Beim Kuchenbacken spielen Eier eine dreifache Rolle: Schlägt man genügend Luft unter das Eiweiß, lockert das den Teig auf. Die emulgierenden Eigenschaften des Eigelbs sorgen dafür, dass sich alle Zutaten zu einem glatten Teig verbinden. Außerdem festigen Eier gemeinsam mit dem Mehl die Krume des Gebackenen. Bei Biskuit und Brandteig spielt die Eimenge für das Gelingen eine entscheidende Rolle. Alle unsere Rezepte im Buch sind, falls nicht ausdrücklich anders

angegeben, auf Eier der Gewichtsklasse M abgestimmt. Weicht man auf eine höhere oder niedrigere Gewichtsklasse aus, verändert sich die Eimenge nach oben oder unten. Brandteig und Biskuit bekommen dadurch eine andere Beschaffenheit, und manchmal misslingt das Gebäck dann sogar. Andere Teige sind unempfindlicher: Wenn Ihnen beim Rühroder Hefeteig ein Ei fehlt, können Sie es zur Not durch die entsprechende Menge Wasser oder Milch ersetzen. Die Eierschale dient dann als Maß.

Legefrische Eier erreichen nach einer Mindestreifezeit von drei Tagen ihr volles Aroma und somit den optimalen Zustand zur Weiterverarbeitung. Um die Qualität und Frische der Eier zu wahren, ist es wichtig, sie richtig zu lagern. Das geschieht am besten im Kühlschrank in einer Eierbox, die sie vor Fremdgerüchen schützt. Rohe Eier können, mit unversehrter Schale, unbesorgt bis zum Ablauf des Mindesthaltbarkeitsdatums aufbewahrt werden. Auch danach sind sie zum Backen noch kurze Zeit geeignet. Übrig gebliebene Eimasse oder getrenntes Eigelb und Eiweiß können sogar eingefroren werden. Mit einer Schicht Öl bedeckt, hält sich Eigelb bis zu zwei Wochen im Kühlschrank.

TIPP

Ob ein Ei frisch ist, erkennen Sie daran, dass es zu Boden sinkt, wenn Sie es in ein Glas mit kaltem Wasser geben.

Die weiße Pracht

Die ganze Fülle der Quark- und Frischkäseprodukte entsteht durch Säuern und Dicklegen von Milch. Das Angebot an Frischkäse wird in unseren Supermärkten immer größer. Allein in acht Fettgehaltsstufen sowie in einer Vielzahl von Geschmacksvarianten mit Früchten, Kräutern oder Gewürzen verfeinert wird er angeboten. Das Spektrum reicht von kräftig milchsauer bis mild und fein säuerlich. In diesem Buch finden Sie Rezepte mit allen wichtigen Quark- und Frischkäesesorten, zu denen vor allem Speisequark, Schichtkäse, Rahm- und Doppelrahm-Frischkäse sowie körniger Frischkäse und Schmant zählen. Dazu kommen die italienischen Frischkäsesorten Ricotta und Mascarpone.

Speisequark – überall beliebt

Je nach Mundart und Region kennt man den Speisequark auch als »Bibbeleskäs« (in Baden), »Sibbkäs« (in Hessen), »Klatschkäse« (im Rheinland) und »Topfen« (in Österreich). Für diese beliebteste Sorte zentrifugiert der Hersteller dick gelegte Magermilch und rührt den so entstandenen Quark cremig oder passiert ihn. Durch Zugabe von Sahne entstehen Speisequarksorten mit unterschiedlichem Fettgehalt. Magerquark hat höchstens zehn Prozent Fett, die Halbfettstufe hat 20 Prozent und die Fettstufe 40 Prozent in der Trockenmasse. Der köstliche Schichtkäse wird nur noch von wenigen Molkereien angeboten. Doch probieren lohnt sich. Schichtkäse wird – wie der Name schon andeutet – Schicht für Schicht aus dick gelegter Milch in entsprechende Formen geschöpft. Weil deren Boden durchlässig ist, tropft die flüssige

Molke nach und nach ab, bis der Käse die gewünschte Festigkeit erreicht hat. Sein Geschmack ist etwas kerniger und seine Konsistenz ein wenig fester als die des Quarks.

Hüttenkäse – leicht und körnig

Auf der Verpackung steht auch »Körniger Frischkäse« oder »Cottage Cheese«. Typisch ist ein Fettgehalt von 10 oder 20 Prozent in der Trockenmasse. Die Molkereien stellen den beliebten leichten Frischkäse aus dick gelegter Milch her, die nach dem Schneiden und Rühren leicht erwärmt wird. So entstehen die kleinen Körnchen, die dem Käse seinen besonderen Charakter verleihen.

Doppelrahm-Frischkäse – sahnig und mild

Der weiße Streichkäse wird in Supermärkten meist in Plastikschalen angeboten. Er schmeckt mild, wenig salzig, besitzt eine festere Konsistenz als Quark und ist bei Zimmertemperatur streichfähig. Rahm- und Doppelrahm-Frischkäse werden aus im Fettgehalt eingestellter, dick gelegter Milch durch Zentrifugieren hergestellt. Bei Rahm-Frischkäse beträgt der Fettgehalt mindestens 50 Prozent, Doppelrahm-Frischkäse enthält mindestens 60 Prozent, maximal 87 Prozent Fett in der Trockenmasse. Das bedeutet, 100 Gramm eines 60-prozentigen Frischkäses enthalten 23 Gramm reines Butterfett. Für cremige amerikanische Käsetorten »aus dem Kühlschrank« ist er eine beliebte Zutat.

Ricotta – frisch und leicht

Italienische Käsefachleute stellen diesen leichten Molkekäse aus verschiedenen Milchsorten, also aus Kuhmilch, Schafsmilch oder Ziegenmilch her.

Im Gegensatz zu unserem einheimischen Quark stellen ihn die Käsemacher nicht aus Milch, sondern aus der Molke her, die bei der Produktion von Käse anfällt. Ricotta wird immer beliebter, denn er liegt voll im Trend ausgewogener Ernährung. Mit seinem milden, delikaten Geschmack und der leicht körnigen Konsistenz eignet sich Ricotta-Frischkäse ausgezeichnet für leichte und wunderbar frisch schmeckende Kuchen.

Mascarpone – cremig und gehaltvoll

Der Mascarpone stammt aus der Lombardei, wo – so will es die Anekdote – echte Liebhaber die dicke Creme seit jeher »mas que bueno«, also »besser als gut« nennen. Seinen Namen verdankt er aber wohl eher einem Wort aus dem lombardischen Dialekt. Denn »mascarpa« bedeutet dort »Quark«. Die italienischen Käsehersteller verwenden Sahne aus frischer Milch und Zitronensäure für diese Spezialität. Aufgrund der exklusiven Cremigkeit (80 Prozent Fett!) und dem sahnig-milden Geschmack ist er ideal für Tortenfüllungen. Wer Fettkalorien sparen möchte, findet neuerdings auch Mascarpone Light mit 30 Prozent weniger Fett.

Tofu

Der mild schmeckende, aus Sojabohnen hergestellte cremig weiße »Quark« ist mit über sieben Prozent reich an Eiweiß, dessen Qualität für ein pflanzliches Protein ausgezeichnet ist und etwa dem Wert der Milch entspricht. Deshalb ist Tofu eine wunderbare Alternative für Käsekuchenfans, die das Original schlecht vertragen, weil sie unter einer Milchzuckerunverträglichkeit leiden oder gar unter einer Allergie gegen Milcheiweiß. Weil bei der Herstellung ein kalziumreiches Salz benutzt wird, um das Eiweiß aus den gemahlenen Sojabohnen herauszulösen, gehört Tofu, ebenso wie Quark, zu den Spitzenlieferanten für den knochenstärkenden Mineralstoff. Fett ist mit rund vier Prozent wenig enthalten. Je nach Bedarf kann man beim Backen mehr oder weniger Öl oder Butter zugeben. Empfehlung: Kaufen Sie Tofu nur, wenn er frisch ist, cremig weiß aussieht und keine Flecken oder Verfärbungen aufweist. Lose gekauft, gehört er mit Wasser bedeckt in den Kühlschrank.

Tofu, auch Bohnenquark genannt, wird wie Sojamilch aus Sojabohnen gewonnen. Der asiatische »Quark« eignet sich besonders für Käsekuchenfans mit Milchzuckerunverträglichkeit, ist aber auch sonst eine gesunde Alternative.

Quarkteige

Quark wird meist für den saftigen Belag des Kuchens verwendet. Nur in zwei Teigen spielt er eine Hauptrolle. Beide Rezepte sind es wert, einmal ausprobiert zu werden, denn der eiweißreiche Frischkäse verleiht ihnen saftige Raffinesse. Beide Teige sind ideal für alle, die Zucker sparen wollen, denn sie lassen sich vorzüglich mit flüssigem Süßstoff zubereiten. Ansonsten bietet eine süße Füllung den Ausgleich.

TIPP

Gebäck aus Quark-Öl-Teig möglichst noch lauwarm servieren. Ganz frisch schmeckt es am besten. Reste in Alufolie verpackt einfrieren und bei Zimmertemperatur in der Verpackung auftauen.

Grundrezept Quark-Öl-Teig

250 g Magerquark • 250 g Mehl
¼ TL Backpulver • ¼ TL Salz (bei herzhaftem Gebäck etwas mehr) • ⅛ l Öl
1 EL Zucker (nur bei süßem Gebäck)

1 Den Magerquark in ein Haarsieb geben und mindestens 30 Minuten abtropfen lassen. Mehl mit Backpulver und Salz mischen. Quark und Öl dazugeben. Mit den Knethaken des Handrührers kurz zu einem glatten Teig verkneten.

2 Mit den Händen auf einer bemehlten Arbeitsfläche noch einmal kurz durchkneten und zu einer Kugel formen. In Frischhaltefolie wickeln und etwa 1 Stunde im Kühlschrank ruhen lassen. Anschließend sofort weiterverarbeiten.

3 Belegen Sie den Teig nach Belieben mit frischen Früchten der Saison, mit einer saftigen Creme, mit Streuseln und einem Guss für die süße Variante, für einen herzhaften Kuchen wählen Sie Tomatenstückchen, gewürfeltes Gemüse, Kräuter und Käse.

4 Im vorgeheizten Backofen bei 180 °C (Ober-/Unterhitze) bzw. bei 160 °C (Umluft) je nach Belag 25 bis 30 Minuten backen.

Grundrezept Quark-Blätterteig

250 g Magerquark • 250 g Mehl
¼ TL Backpulver • 1 kräftige Prise Salz
250 g Butter oder Margarine
1 EL Zucker (nur bei süßem Gebäck)

1 Den Magerquark in ein Haarsieb geben und mindestens 30 Minuten abtropfen lassen. Mehl mit Backpulver und Salz mischen. Quark und Fett dazugeben. Kurz verkneten.

2 Mit den Händen auf einer bemehlten Arbeitsfläche noch einmal kurz durchkneten und zu einer Kugel formen. Etwa 1 Stunde im Kühlschrank ruhen lassen.

3 Den Teig auf einer bemehlten Arbeitsfläche zu einem langen Rechteck ausrollen. Die beiden Schmalseiten zur Mitte klappen, um 90 Grad drehen, wieder zu einem Rechteck ausrollen und zusammenklappen. Noch zwei Mal wiederholen.

4 Den Teig bis zur Weiterverarbeitung in den Kühlschrank legen. Er kann anstelle von Blätterteig für kleine Gebäckstücke und herzhaftes Käsegebäck verwendet werden. Im vorgeheizten Backofen bei 180 °C (Ober-/Unterhitze) bzw. bei 160 °C (Umluft) 25 bis 35 Minuten backen.

TIPP

Quark-Blätterteig hält sich zugedeckt im Kühlschrank etwa zwei bis drei Tage, tiefgekühlt kann man ihn zwei bis drei Monate verwahren.

Das richtige Zubehör

Rührgeräte

Bis heute gibt es kein elektrisches Rührgerät, das alle Teige und Massen gleich gut verarbeitet. Mancher erfahrene Backfan knetet deshalb den Mürbeteig nach wie vor mit der Hand. Doch für Biskuit, Rührteig und Baiser ist ein solches Handrührgerät unentbehrlich.

Im kleinen Haushalt erfüllt ein leistungsstarker Handrührer mit Quirlen, Knethaken und einem Schneidestab alle Wünsche. Bei großen Mengen, schweren, zähen Teigen und längeren Rührzeiten steigt der Motor allerdings aus und kann durch Überhitzung sogar Schaden nehmen. Das passiert vor allem, wenn das Gerät zu lange in Gebrauch ist und die sogenannte KB-Zeit, die auf jedem Gerät vermerkt ist, überschritten wird.

Die kleinen kompakten Küchenmaschinen, in deren Behälter die Teige mit einer Art Messer geschlagen werden, sind zwar auf den kleinen Haushalt abgestimmt, verarbeiten jedoch nicht alle Teige so gut wie ein Handrührgerät.

Das können kraftvolle kleine Küchenmaschinen mit stabilen Rührbesen und Knethaken besser. Deren Anschaffung lohnt sich besonders für Haushalte, in denen noch jede Woche gebacken wird und die den Platz haben, das Gerät einsatzbereit auf der Arbeitsfläche stehen zu haben.

Backformen

Am besten eignen sich runde Backformen mit einem Durchmesser von 25 bis 30 Zentimeter. Bei Kastenformen konzentriert sich die Mikrowelle in den Ecken, der Kuchen backt dort stärker und geht nicht so gut auf. Empfehlenswert sind Formen aus Glas, rundum glasierter Keramik und hitzebeständigem Spezialkunststoff. Backformen aus Metall und Formen aus reflektierenden Materialien eignen sich nicht.

Das Backblech

Die Backbleche moderner Heißluftherde sind deutlich kleiner als die der früheren einfachen Elektroherde.

Immer noch unentbehrlich beim Backen ist das gute alte Nudelholz, aber auch ein modernes Handrührgerät mit unterschiedlichen Aufsätzen darf in der Backstube nicht fehlen.

Ober-/Unterhitze	Umluft	Gas
150 °C	130 °C	Stufe 1
160 °C	140 °C	Stufe 1–2
170 °C	150 °C	Stufe 2
180 °C	160 °C	Stufe 2
190 °C	170 °C	Stufe 3
200 °C	180 °C	Stufe 3
210 °C	190 °C	Stufe 4

Der Grund ist, dass Gitterroste und
Luftverteilbleche, die einen besseren
Wärmeaustausch bewirken sollen,
viel Platz in Anspruch nehmen.
Für sehr kleine Bleche müssen Sie
möglicherweise Ihre gewohnten
Rezeptmengen verändern oder eine
etwas dickere Teigschicht in Kauf
nehmen.
Falls Ihnen das Blech für den bereits
angerührten Teig zu klein erscheint,
nehmen Sie am besten die Fettpfanne. Sie bietet auch für üppig
belegte Kuchen genügend Volumen.
Oder Sie trennen einen Teil des vor-
bereiteten Teigs ab und legen ihn
gut verpackt ins Gefrierfach. Dann
gibt es ein anderes Mal einen guten
schnellen Kuchen.

Der Backofen

Beim Elektroherd hat jeder erfahrene
Kuchenbäcker so seine eigenen Vor-
lieben. Der eine backt lieber mit der
klassischen Ober- und Unterhitze,
dem anderen geraten die Lieblingsku-
chen mit Umluft besser. Damit alle
Kuchensorten optimal gelingen, stehen beide Angaben bei jedem Rezept
dabei, oder Sie sehen in der Tabelle
auf dieser Seite oben nach.

Die richtige Temperatur

Manches erprobte Rezept gelingt
beim Nachbacken nicht, weil die Wahl
der richtigen Temperatur oft auf Erfah-
rungswerten beruht und die Regler
für die Backofentemperatur nicht
genormt sind.
Moderne Backöfen mit einer Skalen-
einteilung in 10-Grad-Schritten sind
exakter einzustellen als ältere Geräte,
bei denen die Temperatureinteilung
25 oder mehr Grad umfasst. Weil
beim Aufheizen die eingestellte Temperatur meist deutlich überschritten
wird, sollten Sie das Gebäck erst einschieben, wenn das rote Lämpchen
zeigt, dass die gewünschte Temperatur erreicht ist.
Falls Sie einen sehr alten Ofen benutzen, hilft ein Backofen-Thermometer
beim Überprüfen der Temperatur,
die übrigens auch bei neuen Geräten
um zehn Prozent nach oben oder
unten abweichen darf. Die empfohlene
Temperatur ist deshalb nur ein Richt-
wert, wie weit Sie herauf- oder herun-
terschalten können. Beginnen Sie im
Zweifelsfall lieber mit einem unteren
oder mittleren Wert. Sie können den
Ofen dann gegen Ende der Backzeit –
falls erforderlich – etwas höher ein-
stellen. So kann nichts schiefgehen,

denn die meisten Fehlschläge entstehen durch zu hohe Temperaturen. Prinzipiell gilt: Eine niedrigere Temperatur, vor allem beim Backen mit Heißluft, ergibt stets ein gleichmäßigeres Backergebnis.

Elektrobacköfen benötigen zum Vorheizen auf 200 °C etwa 8 bis 20 Minuten. Backöfen mit Ober- und Unterhitze sind nicht ganz so schnell vorgeheizt wie Öfen mit intensiv umgewälzter Heißluft.

Einschubhöhen

Damit die Wärme im Backofen gleichmäßig zirkuliert und optimal genutzt wird, das Gebäck so einschieben, dass rundherum ein etwa gleich großer Abstand zu den Ofenwänden entsteht.

Unteres Drittel:
Einschubhöhe 1 und 2

Für Kuchen in hohen oder halbhohen Backformen und für Kuchen in Springformen, die sehr hoch aufgehen, wie beispielsweise hohe Käsekuchen oder Biskuittorten.

Mitte:
Einschubhöhe 2 und 3

Gut für hohe Tortenböden in der Springform, aber auch für Käsekuchen vom Blech, Pastetchen, Hörnchen, Obstkuchen mit Belag oder Kleingebäck.

Oberes Drittel:
Einschubhöhe 3, 4 und 5

Hierher gehören Gebäcksorten, die überbacken und oben gebräunt werden sollen. Das sind zum Beispiel herzhafte Kuchen mit Käse, bei denen es auf direkte Hitze von oben ankommt, damit der Käse auch schön knusprig überbacken wird.

Wird im Heißluft-Backofen auf mehreren Ebenen gleichzeitig gebacken, muss über jedem Backblech ein Raum von 10 bis 15 Zentimeter Abstand bleiben, damit üppig belegte Käsekuchen genügend Platz zum Aufgehen haben.

Backen mit den schnellen Wellen

Gut bedient ist, wer einen Backofen mit Mikrowelle besitzt. Denn gerade bei Käsekuchen lässt sich mit der zugeschalteten Mikrowelle ein besseres Backergebnis erzielen. So garen die schnellen Wellen den feuchten Belag bei Quarktorten, Gemüsekuchen oder Quiche Lorraine schnell und schonend. Es entstehen keine »Klitschstreifen« mehr, weil der Teigboden leichter und gründlicher durchbacken kann.

Die in unseren Rezepten für das konventionelle Backen angegebenen Temperaturen und Backzeiten lassen sich ganz einfach für die zugeschaltete Mikrowelle anpassen. Schieben Sie dazu Ihren Kuchen in das untere Drittel des Backofens und stellen Sie die Temperatur um 10 bis 20 °C höher ein, als in Ihrem Rezept angegeben ist. Dann schalten Sie die Mikrowelle mit einer niedrigen Leistung von 150 bis 180 Watt hinzu. Gleichzeitig verkürzen Sie die angegebene Backzeit um die Hälfte. Ideal gelingen im Backofen mit Mikrowelle:

- Quark- oder Käsekuchen auf Mürbeteigbasis
- Kuchen mit Obstbelag und Quark- oder Sahneguss auf Hefe- oder Mürbeteigbasis
- Alle Arten von herzhaften Quiches und Käsewähen
- Strudel mit Quark- und Obst-Quark-Füllung

Saftige Käsekuchen

Klassischer Käsekuchen ohne Boden

→ Foto

Zutaten für 1 Springform (24 cm Ø)
Ergibt 12 Stücke

Für den Teig: 200 g Butter oder Margarine • 250 g Zucker • 1 EL Rum 4 Eier • 1 kg Magerquark • 2 Päckchen Vanille-Puddingpulver • 2 EL Zitronensaft 1 TL abgeriebene Zitronenschale 50 g gehackte Mandeln • 50 g Rosinen
Außerdem: Puderzucker zum Bestäuben

1 Fett, Zucker und Rum schaumig rühren. Nach und nach die Eier, den Quark und das Puddingpulver unterrühren. Zitronensaft und -schale, Mandeln und Rosinen unterheben.

2 Den Boden der Springform mit Backpapier auslegen, den Rand fetten. Die Quarkmasse einfüllen und im vorgeheizten Backofen bei 175 °C (Umluft 150 °C) etwa 60 Minuten backen.

3 Nach Ende der Backzeit den Kuchen eine halbe Stunde ruhen lassen, dann aus der Form lösen und auf einem Kuchengitter auskühlen lassen.

4 Den Kuchen erst kurz vor dem Servieren mit Puderzucker bestäuben.

TIPP

Sie können die Rosinen wie auf dem Foto auch weglassen und sie durch gehackte Mandeln ersetzen.

Vollkorn-Käsekuchen

Zutaten für 1 Springform (24 cm Ø)
Ergibt 12 Stücke

Für den Teig: 125 g Vollkornmehl ½ TL Zimt • ½ TL Backpulver 75 g Diät-Margarine • 20 g Zucker 4 EL Milch
Für den Belag: 500 g Magerquark 2 EL Mehl • 50 g Diät-Margarine 4 Eier • ½ TL Zitronenschale 1 Päckchen Vanillezucker • Flüssiger Süßstoff oder Streusüße • 1 Prise Salz

1 Mehl, Zimt, Backpulver, Margarine, Zucker und 2 Esslöffel Milch in eine Schüssel geben, mit den Knethaken des Handrührers kurz verkneten. In Frischhaltefolie wickeln und 30 Minuten ruhen lassen.

2 Quark mit Mehl und Margarine in eine Schüssel geben. Eier trennen. Eigelb, Zitronenschale, die restliche Milch und Vanillezucker zum Quark geben und verrühren. Mit Süßstoff abschmecken. Eiweiß mit Salz steif schlagen, mit einem Schneebesen unter die Quarkmischung heben.

3 Den Teig zwischen zwei Lagen Frischhaltefolie ausrollen. Den Boden einer Springform mit Backpapier auslegen. Den Teig in die Form legen und einen Rand hochziehen.

4 Die Creme auf den Teig geben und glatt streichen. Im vorgeheizten Backofen bei 180 °C (Umluft 160 °C) etwa 60 Minuten backen.

TIPP

Streusüße ist Süßstoff in Pulverform. Einige Süßstoffe verlieren beim Backen ihre Süßkraft, achten Sie deshalb beim Kauf auf den Hinweis »backfest«.

Schoko-Käsekuchen

→ Foto

Zutaten für 1 Springform (28 cm Ø)
Ergibt 16 Stücke

Für den Teig: 250 g Mehl
2 Päckchen Schokoladen-Puddingpulver
1 Prise Salz • ½ TL Backpulver
125 g Zucker • 1 Ei • 1 Eigelb
175 g Butter oder Margarine
Für die Füllung: 5 Eier • 200 g Zucker
100 g Mehl • 2 EL Kakaopulver
1 Päckchen Vanillezucker • 100 ml Milch
800 g Magerquark • 1 Päckchen Orangenschale • 300 ml Schlagsahne
Außerdem: Etwas Puderzucker zum
Bestäuben

TIPP

Um die Spring-
form mit Backpa-
pier auszukleiden,
schneidet man ein-
fach ein Stück ent-
sprechend dem
Durchmesser der
Form mit zwei
Zentimeter Zugabe
ab, legt es auf den
Boden der Form
und klemmt es
mit dem Spring-
formrand fest.
Dann rundherum
abschneiden.

1 Mehl mit Schokoladen-Puddingpulver, Salz, Backpulver und
Zucker in eine Schüssel geben und
mischen. Ei, Eigelb und weiches Fett
zufügen. Alles mit den Knethaken
des Handrührers zu einem glatten
Teig verkneten.

2 Den Teig zwischen zwei Lagen
Frischhaltefolie etwa 3 Millimeter
dick ausrollen. Den Boden der Springform mit Backpapier auslegen, den
Rand fetten. Die Form mit Teig auslegen, dabei einen 4 bis 5 Zentimeter
hohen Rand für die Füllung hochziehen.

3 Für die Füllung die Eier trennen.
Zucker, Mehl und Kakaopulver
mischen. Mit Vanillezucker und Milch
verrühren. Eigelb, Magerquark und
Orangenschale hinzufügen und unterrühren.

4 Sahne und Eiweiß getrennt voneinander steif schlagen. Nacheinander die steife Sahne und den

Eischnee unter die recht flüssige
Schoko-Quark-Mischung ziehen und
die Masse in die Form gießen.

5 Im vorgeheizten Backofen bei
175 °C (Umluft 150 °C) 60 Minuten backen. Nach etwa 15 Minuten,
wenn die Füllung hoch aufgegangen
ist, den Teig mit einem Messer rundherum vom Springformrand lösen,
damit der Kuchen weiter schön gleichmäßig aufgehen kann.

6 Den Backofen abschalten, Backofentür öffnen und den fertigen
Kuchen in der Form einige Stunden
stehen lassen, bis er gründlich ausgekühlt ist. Die Füllung festigt sich erst
beim Erkalten.

7 Aus Papier einige schmale Streifen ausschneiden und zu einem
beliebigen Muster auf den Kuchen
legen. Puderzucker darüberstäuben.
Papier entfernen und den Kuchen
servieren.

INFO

Dieser Kuchen gelingt am besten mit
der klassischen Ober- und Unterhitze.
Bei Umluft hingegen geht die Quarkfüllung zu schnell zu hoch auf. In
jedem Fall sollten Sie zur Sicherheit
nach 15 Minuten Backzeit den Rand
einer zweiten Springform auf die Form
aufsetzen und den Kuchen zu Ende
backen. Wahlweise können Sie den
Kuchen auch in einer rechteckigen
Form oder auf dem mit Backpapier
ausgelegten tiefen Blech des Backofens backen.

Käsekuchen mit Nussboden

→ Foto

→ Foto

Zutaten für 1 Springform (24 cm Ø)
Ergibt 12 Stücke

Für den Teig: 200 g Mehl • 50 g gemahlene Haselnusskerne • 125 g Butter oder Margarine • 50 g Puderzucker 1 Eigelb • 1 EL Rum • Hülsenfrüchte zum Blindbacken

Für den Belag: 4 Eier • 500 g Magerquark • 150 g Zucker • 1 TL abgeriebene Schale von 1 Zitrone • 100 g Mascarpone 60 g Mehl • 50 g Rosinen

TIPP

Am besten schmeckt Käsekuchen, wenn er vor dem Verzehr einige Stunden durchziehen kann.

1 Mehl, Nüsse, weiches Fett, Puderzucker, Eigelb und Rum in eine Schüssel geben. Mit den Knethaken des Handrührers verkneten. Eine Kugel formen, den Teig in Folie wickeln und 30 Minuten kalt stellen.

2 Den Teig zwischen zwei Lagen Frischhaltefolie ausrollen. Springform mit Backpapier auslegen, den Rand fetten. Mit Teig auslegen, 4 Zentimeter Rand hochziehen.

3 Teig mit Backpapier belegen und mit Hülsenfrüchten bestreuen. Im vorgeheizten Backofen bei 200 °C (Umluft 180 °C) 15 Minuten backen. Herausnehmen, Hülsenfrüchte und Papier entfernen. Ofen auf 170 °C (Umluft 150 °C) zurückschalten.

4 Die Eier trennen. Eigelb, Quark und die Hälfte des Zuckers mit Zitronenschale, Mascarpone und Mehl in einer Schüssel gut verrühren.

5 Eiweiß mit restlichem Zucker zu Schnee schlagen. Unter die Mischung heben, Rosinen zufügen und die Creme auf den Boden streichen. Weitere 45 Minuten backen.

Goldgelber Käsekuchen mit Safran

Zutaten für 1 Springform (26 cm Ø)
Ergibt 12 Stücke

Für den Teig: 250 g Butter • 1 kg Magerquark • 250 g Zucker • 1 Päckchen Vanillezucker • 4 Eier • 1 Döschen Safranfäden (0,1 g) • 2 Päckchen Vanille-Puddingpulver • ½ TL Backpulver • 1 EL Mehl

TIPP

Der Kuchen schmeckt warm und kalt vorzüglich! Zur Abwechslung können Sie kleine Stücke davon als Dessert mit Pflaumenkompott oder in Wein gedünsteten Birnen servieren.

1 Die Butter zerlassen. Quark, Zucker, Vanillezucker und Eier in eine Rührschüssel geben und mit den Quirlen des Handrührers vermengen. Abgekühlte Butter unterrühren.

2 Die Safranfäden im Mörser zerkleinern. Mit Puddingpulver, Backpulver und Mehl mischen. Zum Teig geben und unterrühren.

3 Den Boden der Springform mit Backpapier auslegen, den Rand

fetten. Den Quarkteig einfüllen und glatt streichen.

4 Den Kuchen im vorgeheizten Backofen bei 175 °C (Umluft 150 °C) 60 bis 80 Minuten backen. Falls die Oberfläche zu dunkel wird, die Hitze etwas reduzieren und den Kuchen mit Alufolie abdecken.

5 Den Backofen abschalten und die Tür öffnen. Den Kuchen etwas abkühlen lassen, erst dann aus der Form lösen.

Feiner Käse-Blechkuchen

→ Foto

Zutaten für 1 Backblech (30 x 40 cm)
Ergibt 20 Stücke

TIPP

Die Korinthen
können Sie wie auf
dem Foto auch weg-
lassen und durch
Mandeln ersetzen.
Wenn es schnell
gehen soll, können
Sie auch zu Tro-
ckenhefe greifen.
Ein Beutel Trocken-
hefe enthält sieben
Gramm, das ent-
spricht 25 Gramm
frischer Hefe.

Für den Teig: ½ Würfel Hefe • 60 g
Zucker • ⅛ l Milch • 375 g Mehl
½ TL Salz • 2 Eier • 3 EL geschmacksneutrales Öl (z. B. Rapsöl oder Keimöl)
Für den Belag: 200 g Butter oder
Margarine • 5 Eier • 75 g Zucker
1 Päckchen Vanillezucker • 2 gehäufte
EL Speisestärke • 250 g Magerquark
50 g Korinthen • 50 g gehackte Mandeln
1 Prise Salz • 100 g Mandelblättchen
Außerdem: Puderzucker zum Bestreuen

1 Hefe mit 1 Teelöffel Zucker in der
lauwarmen Milch auflösen. Zugedeckt an einem warmen Ort 10 Minuten gehen lassen.

2 Mehl mit dem restlichen Zucker,
Salz, Eiern, Öl und der Hefemilch
zu einem glatten, sehr weichen Teig
verkneten. Zugedeckt an einem warmen Ort zur doppelten Größe aufgehen lassen.

3 Für den Belag das Fett zerlassen
und vom Herd nehmen. Eier trennen. Eigelb, Zucker, Vanillezucker,
Speisestärke und Quark verrühren.
Abgekühltes Fett, Korinthen und Mandeln untermischen.

4 Den Teig auf einer bemehlten
Arbeitsfläche durchkneten und
auf einem mit Backpapier belegten
Backblech ausrollen. Eiweiß mit Salz
steif schlagen und unter die Quarkcreme heben. Creme auf den Hefeteig
streichen und bei Zimmertemperatur
15 Minuten gehen lassen.

5 Mandelblättchen darüberstreuen
und im vorgeheizten Backofen
bei 200 °C (Umluft 180 °C) etwa
30 Minuten backen. Mit Puderzucker
bestreuen.

Tiramisu-Käsetorte ❄

Zutaten für 1 Springform (26 cm Ø)
Ergibt 12 Stücke

TIPP

Marsala ist eine
Weinsorte, die ihren
Namen der siziliani-
schen Hafenstadt
Marsala verdankt.
Da er trocken, halb-
trocken und süß
angeboten wird,
achten Sie beim
Einkauf darauf, dass
Sie einen Marsala
»dolce« wählen.

Für den Boden: 150 g Löffelbiskuits
50 ml Kaffeelikör • 100 ml Espresso
Für den Belag: 4 Blatt Gelatine
150 g weiße Kuvertüre • 600 g Frischkäse
50 ml Marsala-Wein (oder süßer Sherry)
30 g Zucker
Außerdem: 2 EL Kakaopulver

1 Löffelbiskuits passend zuschnei-
den und eine Springform damit
auslegen. Kaffeelikör und kalten
Espresso verrühren und die Biskuits
gleichmäßig damit beträufeln.

2 Gelatine in kaltem Wasser einweichen. Kuvertüre unter Rühren im
Wasserbad schmelzen und etwas
abkühlen lassen. Frischkäse, Marsala,
Kuvertüre und Zucker schaumig aufschlagen.

3 Gelatine abtropfen lassen und
in einem Topf bei milder Hitze

auflösen. Etwas von der Frischkäsemischung unterrühren, dann die Gelatine zur Frischkäsecreme geben und mit einem Schneebesen gut verrühren.

4 Die Creme auf dem Biskuitboden verteilen und glatt streichen. Die Torte mindestens 2 Stunden im Kühlschrank durchziehen lassen.

5 Die Torte vorsichtig aus der Form lösen und auf eine Tortenplatte geben. Mit Kakaopulver bestäuben und servieren.

Zitronen-Quarkkuchen vom Blech

→ Foto

Zutaten für 1 Backblech (40 x 30 cm)
Ergibt 16 Stücke

Für den Teig: 250 g Magerquark
100 g Butter oder Margarine
200 g Zucker • 1 Prise Salz • 4 Eier
300 g Mehl • 1 Päckchen Backpulver
⅛ l Milch
Für den Belag: 100 g Zitronat
2 unbehandelte Zitronen • 25 g gehackte
Pistazien
Für den Guss: ⅛ l Zitronensaft
200 g Puderzucker

1 Den Quark in ein Haarsieb geben und mindestens 30 Minuten, besser über Nacht, gut abtropfen lassen. Fett mit Zucker und Salz in eine Schüssel geben.

2 Alles mit den Quirlen des Handrührers schlagen, bis der Zucker sich vollständig aufgelöst hat und die Mischung hell und cremig ist. Die Eier nach und nach zugeben und unterrühren.

3 Den abgetropften Quark unterheben. Mehl mit Backpulver mischen und zufügen, am besten aber siebt man beides über die Mischung. Milch zugeben und alles kurz zu einem glatten Teig verrühren.

4 Den Teig auf ein mit Backpapier ausgelegtes Backblech geben und gleichmäßig darauf verteilen. Zitronat darüberstreuen und den Kuchenteig auf dem Blech mit einem Spatel oder einem flachen Messer glatt streichen.

5 Die Zitronen heiß abwaschen, trocken reiben und in hauchdünne Scheiben schneiden. Die Scheiben gleichmäßig auf dem Kuchen verteilen. Die gehackten Pistazien darüberstreuen.

6 Den Kuchen im vorgeheizten Backofen bei 175 °C (Umluft 150 °C) etwa 30 Minuten lang backen.

7 Den Zitronensaft mit 150 Gramm Puderzucker glatt rühren. Den Kuchen mit einer Gabel in regelmäßigen Abständen einstechen und mit dem Zitronensirup beträufeln.

8 Den Kuchen etwa 30 Minuten lang durchziehen und abkühlen lassen. Kurz vor dem Servieren den restlichen Puderzucker darüberstäuben.

VARIANTE

Den Teig wie oben beschrieben anrühren (Schritt 1 bis 3), auf ein mit Backpapier ausgelegtes Backblech geben und glatt streichen. Im vorgeheizten Backofen bei 200 °C (Umluft 180 °C) etwa 15 Minuten vorbacken. Inzwischen 125 Gramm Butter, 250 Gramm Zucker, das ausgekratzte Mark einer Vanilleschote mit 125 Milliliter Milch und 200 Gramm Mandelblättchen aufkochen. Etwa 5 Minuten abkühlen lassen. Den Belag auf dem vorgebackenen Kuchen verteilen und weitere 15 bis 20 Minuten backen.

TIPP

Wer Zitronat nicht mag, kann es auch durch die gleiche Menge Trockenfrüchte oder kandierte Früchte je nach Geschmack ersetzen.

TIPP

Für den Guss können Sie einen Teil des Zitronensafts auch durch Rum ersetzen, das verleiht dem Kuchen eine besondere Note.

Sizilianischer Quarkkuchen

→ Foto

Zutaten für 1 Kastenform (20 cm lang)
Ergibt 10 Stücke

Für den Teig: 100 g Butter • 150 g Zucker
1 TL Vanillezucker • 2 Eier • 60 g Speisestärke • 60 g Mehl • ½ gestrichener TL
Backpulver • 5 EL Orangenlikör
Für die Füllung: 200 g Ricotta
300 g Mascarpone • 75 g gemischte
kandierte Früchte • 50 g bittere Schokolade • 30 g Pistazien • 30 g Pinienkerne

1 Weiche Butter mit 100 Gramm
Zucker, Vanillezucker, Eier, Speisestärke, Mehl und Backpulver auf
höchster Stufe verrühren.

2 Form mit Backpapier auslegen,
den Teig einfüllen und gleichmäßig verteilen. Im vorgeheizten Backofen bei 175 °C (Umluft 150 °C) etwa
55 Minuten backen.

3 Kuchen auf ein Kuchengitter
geben und auskühlen lassen.
Die Kruste oben abschneiden, den
Kuchen dabei etwas abflachen und
waagerecht zweimal durchschneiden.
Jeden Streifen mit 1 Esslöffel Orangenlikör beträufeln.

4 Für die Füllung Ricotta, Mascarpone, restlichen Zucker und restlichen Orangenlikör zu einer cremigen
Masse verrühren. Kandierte Früchte,
Schokolade, Pistazien und Pinienkerne hacken und untermischen.

5 Die Kuchenstreifen mit einem
Teil der Füllung bestreichen und
wieder zusammensetzen, dabei den
Kuchen vorsichtig etwas zusammen-
drücken, damit er eine kompakte
Form bekommt. Mit der restlichen
Quarkcreme bestreichen.

TIPP

Den Kuchen vor
dem Servieren zum
Durchziehen etwa
drei Stunden kalt
stellen, so schmeckt
er noch besser.
Zum Schluss mit
kandierten Früchten
und Pistazien
verzieren.

Quark-Zimt-Rührkuchen

Zutaten für 1 Kastenform (30 cm lang)
Ergibt 20 Stücke

Für den Teig: 100 g Butter • 200 g Zucker
1 Prise Salz • 1 Päckchen Vanillezucker
4 Eier • 250 g Magerquark • 300 g Mehl
1 TL gemahlenen Ceylon-Zimt
1 Päckchen Backpulver • ⅛ l Milch
150 g getrocknete Cranberries
Außerdem: Zwiebackbrösel zum Ausstreuen • Puderzucker zum Bestäuben

1 Butter, Zucker, Salz und Vanillezucker schlagen. Eier nacheinander dazugeben und schaumig schlagen.

2 Magerquark gut ausdrücken,
dazugeben. Mehl, Zimt und
Backpulver mischen und zur Butter-
Ei-Mischung sieben. Abwechselnd
mit der Milch unter den Teig rühren.
Die Cranberries unterheben.

3 Die gefettete Form mit Zwiebackbrösel ausstreuen. Den Teig einfüllen und im vorgeheizten Backofen
bei 175–200 °C (Umluft 150–180 °C)
60 bis 70 Minuten backen. Den
Kuchen auf einem Kuchengitter auskühlen lassen und mit Puderzucker
bestäuben.

TIPP

Der Kuchen gelingt
am besten, wenn
der Quark wenig
Wasser enthält.
Wer Zeit hat, gibt
ihn in ein mit
Küchenpapier aus-
gelegtes Sieb und
lässt ihn über Nacht
abtropfen.

Weiße Curaçaotorte

→ Foto

Zutaten für 1 Springform (18 cm Ø)
Ergibt 8 bis 10 Stücke

Für die Böden: 125 g Butter oder Margarine • 125 g Zucker • 1 Prise Salz 2 EL Weinbrand • 2 Eier • 200 g Mehl 50 g gemahlene Mandeln • ½ Päckchen Backpulver • 6 EL Milch
Für die Füllung: 250 g Doppelrahm-Frischkäse • 300 g Magerquark 100 ml Kokosmilch • 2–3 EL Zucker 3–4 EL Curaçao triple sec
Außerdem: 3 EL Kokosraspel • Einige kleine Baisers (Fertigware)

TIPP

Mit zwei Spring-formen geht das Backen der Böden doppelt so schnell. Anstelle der Baisers können Sie für die Dekoration auch Kokoschips oder Mandelblättchen verwenden.

1 Fett mit Zucker, Salz und Wein-brand schlagen, bis der Zucker sich aufgelöst hat. Eier nach und nach unterrühren. Mehl mit Mandeln und Backpulver mischen und zufügen. Milch zugeben und kurz verrühren.

2 Den Teig in 4 Portionen teilen. Den Boden der Springform mit Backpapier auslegen. Erste Portion in die Form füllen, glatt streichen und im vorgeheizten Backofen bei 200 °C (Umluft 180 °C) etwa 15 Minuten backen. Mit den restlichen Teigportio-nen ebenso verfahren. Fertige Böden abkühlen lassen.

3 Frischkäse mit Quark und Kokos-milch cremig schlagen. Mit Zucker und Curaçao abschmecken. Die Böden mit zwei Drittel der Creme bestreichen und zusammensetzen. Rundherum mit der restlichen Creme bestreichen. Gut auskühlen lassen.

4 Vor dem Servieren rundherum mit Kokosraspeln bestreuen und mit zerstoßenem Baiser garnieren.

Quark-Käsetorte ❄

Zutaten für 1 Springform (24 cm Ø)
Ergibt 12 Stücke

Für den Boden: 150 g Löffelbiskuit 125 g Butter
Für den Belag: 600 g Doppelrahm-Frischkäse • 300 g Magerquark 4 EL Zitronensaft • 1 Päckchen klarer Tortenguss • 80 g Zucker
Außerdem: Frische Erdbeeren Gehackte Pistazienkerne zum Bestreuen

TIPP

Zum Kühlen bedecken Sie die Torte am besten mit Frischhaltefolie. Das schützt auch vor Fremdgerüchen, die den Geschmack beeinträchtigen können.

1 Löffelbiskuits in einen Beutel füllen und mit einem Nudelholz fein zerbröseln. Butter bei kleiner Hitze schmelzen und mit den Bröseln vermischen. Den Springformboden mit Backpapier auslegen. Die Brösel-mischung in die Form geben und fest-drücken.

2 Frischkäse, Quark und Zitronen-saft mit den Quirlen des Hand-rührers aufschlagen.

3 Tortenguss, Zucker und 150 Milli-liter Wasser in einem kleinen Topf aufkochen und unter die Creme rühren. Die Creme auf den Boden in die Form füllen und mit einem Löffel glatt streichen.

4 Die Torte mit Frischhaltefolie bedeckt für mindestens 3 Stunden in den Kühlschrank stellen. Erdbeeren waschen und trocken tupfen, Blütenansätze entfernen.

5 Die Torte aus der Springform lösen und auf eine Tortenplatte setzen. Kurz vor dem Servieren mit Erdbeeren garnieren. Den Rand mit Pistazien bestreuen.

Cappuccinotorte ❄

→ Foto

Zutaten für 1 Springform (24 cm Ø)
Ergibt 12 Stücke

Für den Boden: 150 g Löffelbiskuit
50 g Zartbitterschokolade • 125 g Butter
Für den Belag: 600 g Doppelrahm-
Frischkäse • 300 g Joghurt • 2 Päckchen
Cappuccinopulver • 1 Päckchen klarer
Tortenguss • 75 g Zucker
Außerdem: 50 g Zartbitterschokolade
12 Trüffel-Pralinen

1 Biskuits in einen Beutel füllen und mit einem Nudelholz zerbröseln. Schokolade raspeln. Butter schmelzen, mit den Bröseln und den Schokoraspeln mischen und in eine mit Backpapier ausgelegte Form drücken.

2 Frischkäse, Joghurt und Cappuccinopulver mit den Quirlen des Handrührers vermischen. Tortenguss und Zucker in 150 Milliliter Wasser aufkochen und unter die Creme rühren.

3 Die Creme in die Springform füllen und 3 Stunden in den Kühlschrank stellen. Vor dem Servieren die Schokolade direkt über die Torte raspeln und mit Schokotrüffeln garnieren.

TIPP

Schokoraspel gelingen am besten, wenn man sie mit einem Sparschäler von der schmalen Seite der Schokoladentafel abschneidet.

Käse-Sahne-Torte

Zutaten für 1 Springform (26 cm Ø)
Ergibt 12 Stücke

Für den Teig: 125 g Mehl • 1 TL Backpulver • 250 g Zucker • 1 Päckchen
Vanillezucker • 1 Prise Salz • 125 g Butter
oder Margarine • 2 Eier
Für den Belag: 1 unbehandelte Zitrone
500 g Quark (20 %) • 6 Blatt weiße
Gelatine • ½ l Schlagsahne

1 Mehl, Backpulver, die Hälfte des Zuckers, Vanillezucker, Salz, Fett und Eier verquirlen. Die Form mit Backpapier auslegen, den Teig hineingeben und glatt streichen.

2 Im vorgeheizten Ofen bei 180 °C (Umluft 160 °C) etwa 30 Minuten backen. Anschließend auf einem Kuchengitter abkühlen lassen. Den Boden waagerecht durchschneiden.

3 Zitrone heiß waschen, trocknen und die Schale abreiben. Zitrone halbieren und den Saft auspressen. Den Quark mit restlichem Zucker, Zitronensaft und -schale verrühren.

4 Gelatine in kaltem Wasser einweichen, ausdrücken und im heißen Wasserbad bei milder Hitze auflösen. Etwas von der Quarkcreme untermischen, dann den Gelatine-Mix gleichmäßig unter die restliche Quarkcreme rühren. Sahne steif schlagen und unter die Creme mischen.

5 Den unteren Tortenboden zurück in die Springform legen. Die Käsesahne darübergeben und glatt streichen. 2 bis 3 Stunden kalt stellen und fest werden lassen. Den zweiten Boden in 12 Tortenstücke schneiden und auf die Käsesahne legen.

TIPP

Mit einem Tortenschneider lässt sich der Boden schnell teilen. Das funktioniert auch mit einem Bindfaden: Den Faden um den Boden legen, Enden überkreuzen und fest ziehen.

Tofu-Käsekuchen mit Nugatdecke

→ Foto

Zutaten für 1 Backblech (30 x 40 cm)
Ergibt 20 Stücke

Für den Teig: 375 g Weizenmehl
1 Päckchen Backpulver • 1 Päckchen
Trockenhefe • 50 g Zucker • 1 Ei • 350 ml
Sojadrink Vanille • 50 g Butter
Für den Belag: 750 g Tofu • 150 g Honig
Abgeriebene Schale von 1 unbehandelten
Zitrone • 80 g Weizengrieß • 200 g
Mandelstifte • 2 Päckchen Rumrosinen
(je 125 g) • 200 g Nussnugat • 2 EL Rum

1 Mehl und Backpulver in eine
Schüssel sieben, Trockenhefe
untermischen. Zucker, Ei, 150 Milliliter
Sojadrink und die weiche Butter
zugeben und zu einem glatten Teig
verkneten. Auf einer bemehlten
Arbeitsfläche ausrollen und auf das
gefettete Backblech legen.

2 Den Tofu im Blitzhacker mit
restlichem Sojadrink, Honig, Saft
und Zitronenschale zu einer cremigen
Masse verrühren. Grieß, Mandeln
und Rumrosinen unterziehen und die
Masse auf dem Teig glatt streichen.

3 Den Kuchen im vorgeheizten
Backofen bei 180 °C (Umluft
160 °C) etwa 40 Minuten backen.
Abkühlen lassen.

4 Nussnugat erwärmen und mit
dem Rum verrühren. Auf dem
Kuchen verteilen und mit einem Löffel-
rücken Spitzen aus der Glasur ziehen.

Quark-Tofu-Torte

Zutaten für 1 Springform (24 cm Ø)
Ergibt 12 Stücke

Für den Boden: 125 g Zwieback
75 g Weizenkeime • 1 EL brauner Zucker
2 EL Walnussöl
Für den Belag: 500 g Tofu • 180 g
brauner Zucker • 500 g Magerquark
3 EL Dinkel-Vollkornmehl • 1 Ei
2 Eiweiß • 2 Päckchen Vanillezucker
3 TL Kakaopulver

1 Zwieback, Weizenkeime und
Zucker im Blitzhacker fein zer-
krümeln. Das Öl und 2 bis 3 Esslöffel
Wasser zugeben und weitermixen.

2 Den Boden der Springform mit
Backpapier auslegen, den Rand
fetten. Die Mischung in die Springform füllen, den Boden fest andrücken
und einen 3 Zentimeter hohen Rand
formen. Im vorgeheizten Backofen bei
175 °C (Umluft 150 °C) etwa 10 Minuten backen.

3 Abgetropften Tofu, Zucker,
Quark, Mehl, Ei, Eiweiß und Vanillezucker im Blitzhacker mixen, bis eine
glatte Creme entstanden ist. Etwa
zwei Drittel der Creme auf den abge-
kühlten Tortenboden gießen, die restliche Creme mit dem Kakao verrühren.

4 Die dunkle Quark-Tofu-Creme ringförmig auf die helle Creme gießen. Anschließend mit einer Gabel einmal so durch beide Schichten ziehen, dass ein schönes Marmormuster entsteht.

5 Die Torte bei 175 °C (Umluft 150 °C) 45 Minuten backen. Den Ofen abschalten und den Kuchen weitere 45 Minuten darin abkühlen lassen. Über Nacht im Kühlschrank gut durchziehen lassen und servieren.

Quarkkuchen mit Marzipanstreuseln

→ Foto

→ Foto

Zutaten für 1 Backblech (30 x 40 cm)
Ergibt 20 Stücke

Für den Teig: ½ Würfel Hefe
60 g Zucker • ⅛ l Milch • 375 g Mehl
½ TL Salz • 2 Eier • 3 EL geschmacksneutrales Öl (z. B. Raps- oder Keimöl)
Für die Füllung: 750 g Magerquark
2 Eier • 30 g Speisestärke • 50 g Zucker
1 Päckchen Mandel-Puddingpulver
40 g Zucker • 400 ml Milch
Für die Streusel: 150 g Mehl
200 g Marzipanrohmasse • 100 g Zucker
75 g Butter

1 Die Hefe mit den Händen zerbröckeln und mit 1 Teelöffel Zucker in der lauwarmen Milch auflösen. Zugedeckt an einen warmen Ort stellen und mindestens 10 Minuten gehen lassen.

2 Mehl mit dem restlichen Zucker, Salz, Eiern, Öl und der Hefemilch zu einem glatten, sehr weichen Teig verkneten. Zugedeckt an einem warmen Ort zur doppelten Größe aufgehen lassen.

3 Für die Füllung abgetropften Quark, Eier, Stärke und Zucker gut verrühren. Den Mandelpudding nach Packungsanweisung mit Zucker, aber nur mit 400 Milliliter Milch zubereiten.

4 Den Pudding abkühlen lassen und dabei 2 bis 3 Mal durchrühren, damit sich keine Haut bildet. Dann den Pudding unter die Quarkcreme rühren.

5 Für die Streusel Mehl, Marzipanrohmasse, Zucker und zerlassene Butter in eine Schüssel geben und mit den Händen oder einer Gabel Streusel formen.

6 Den Hefeteig auf das gefettete Backblech geben und mit den Händen flach drücken. Den Teig dabei am Rand für die Füllung etwas hochziehen.

7 Zuerst den Quarkbelag auf den Teig geben, dann die Puddingcreme darüber verteilen und glatt streichen. Zum Schluss die Streusel auf dem Kuchen verteilen.

8 Den Kuchen im vorgeheizten Backofen bei 180 °C (Umluft 160 °C) etwa 35 Minuten backen und warm servieren.

VARIANTE

Karamell-Quarkkuchen

Den Teig wie oben beschrieben zubereiten und gehen lassen (Schritt 1 bis 2). Für die Füllung (Schritt 3) statt des Mandel-Puddingpulvers eine Packung Karamell-Puddingpulver verwenden und unter die Quark-Pudding-Creme 100 Gramm grob gehackte weiche Karamellbonbons (z. B. Sahne Muh-Muhs) heben. Für die Streusel je 150 Gramm Mehl, braunen Zucker und Butter verkneten. Den Kuchen dann wie oben beschrieben backen (Schritt 8).

Rosenkuchen

→ Foto

Zutaten für 1 Springform (26 cm Ø)
Ergibt 12 Stücke

Für den Teig: 2 gestrichene TL
Trockenhefe • 1 Prise Zucker
250 g Mehl • 150 ml Milch • 30 g Butter
oder Margarine • 20 g Zucker
1 Prise Salz • 1 Eigelb
Für die Füllung: 100 g Mascarpone
100 g Magerquark • 1 EL Honig
2 Päckchen Vanillezucker • 1 TL abgeriebene Zitronenschale • Je 75 g Korinthen
und Rosinen • 100 g gehackte Mandeln
Außerdem: 2 EL Milch zum Bestreichen
3 EL Aprikosenkonfitüre

1 Für den Teig Hefe und Zucker
mit Mehl mischen. Lauwarme
Milch, zerlassenes Fett, Zucker, Salz
und Eigelb zufügen.

2 Die Zutaten mit den Knethaken
des Handrührers verkneten,
bis sich der Teig in einer Kugel vom
Schüsselboden löst. Den Teig zugedeckt an einen warmen Ort stellen
und bis zur doppelten Größe aufgehen
lassen.

3 Den Teig auf einer bemehlten
Arbeitsfläche durchkneten
und zu einem Rechteck von 40 mal
50 Zentimeter ausrollen.

4 Mascarpone mit Quark und
Honig glatt rühren und auf den
Teig streichen. Vanillezucker, Zitronen-
schale, Korinthen, Rosinen und
Mandeln mischen und auf dem Teig
verteilen.

5 Die Teigplatte von der Längsseite
her aufrollen und mit einem

scharfen Messer in 15 gleich große
Stücke zerteilen.

6 Den Boden der Springform mit
Backpapier auslegen, den Rand
fetten. Die Teigrollen mit der Schnitt-
fläche nach oben hineinsetzen, mit
Milch bestreichen, in der Form noch
einmal mindestens 20 Minuten gehen
lassen.

7 Im vorgeheizten Backofen bei
200 °C (Umluft 180 °C) etwa
30 Minuten backen. Zum Schluss
die Aprikosenkonfitüre in einem
kleinen Topf bei milder Hitze erwärmen, glatt rühren und auf den Kuchen
streichen.

VARIANTE

Italienische Mascarponeschnecken

Den Teig wie oben beschrieben zubereiten, gehen lassen und ausrollen
(Schritt 1 bis 3). Mit 200 Gramm
Mascarpone bestreichen. 150 Gramm
abgetropfte Maraschino-Kirschen
und 100 Gramm Mandelmakronen
(Amarettini) grob hacken und darauf
verteilen. Die Teigplatte wie beschrieben aufrollen und in Scheiben schneiden (Schritt 5). Die Schnecken auf
zwei mit Backpapier belegte Bleche
legen und nacheinander im vorgeheizten Backofen bei 180 °C (Umluft
160 °C) etwa 25 Minuten backen.
Mit erhitzter Aprikosenmarmelade
(oder einer Marmelade Ihrer Wahl)
bestreichen und mit 30 Gramm Mandelblättchen bestreuen.

TIPP

Vanillezucker
können Sie selbst
herstellen, indem
Sie eine Vanille-
schote ausschaben,
das Mark mit
der Schote in ein
kleines Schraub-
glas geben und
mit Zucker auf-
füllen. Dann ein
bis zwei Wochen
ziehen lassen.

Frischkäse-Bienenstich

→ Foto

Zutaten für 1 Backblech (30 x 40 cm)
Ergibt 20 Stücke

TIPP

Vanillepudding
zum Kaltanrühren
ist beispielsweise
von Dr. Oetker
unter der Bezeich-
nung »Paradies-
Creme« in gut
sortierten Super-
märkten erhältlich.

Für den Boden: ½ Würfel Hefe
1 TL Zucker • ¼ l Milch • 500 g Mehl
40 g Zucker • 1 Prise Salz • 50 g Butter
Für den Belag: 50 g Butter
5 EL Schlagsahne • 4 EL Honig
80 g Zucker • 150 g Mandelblättchen
Für die Füllung: 2 Päckchen Vanille-
Puddingpulver (zum Kaltanrühren)
½ l Milch • 500 g Ananas-Frischkäse
(z. B. Buko)

1 Für den Vorteig die Hefe mit den
Händen zerbröckeln und mit dem
Zucker in der lauwarmen Milch auflösen. Zugedeckt an einen warmen Ort
stellen und mindestens 15 Minuten
gehen lassen.

2 Mehl, Zucker, Salz und zerlassene Butter in eine Schüssel
geben, den Vorteig zufügen und alles
mit den Knethaken des Handrührers
zu einem glatten, geschmeidigen Teig
verkneten.

3 Den Teig erneut zugedeckt an
einen warmen Ort stellen und
etwa 1 Stunde gehen lassen. Das
Teigvolumen sollte sich dann in etwa
verdoppelt haben.

4 Den Teig auf einer bemehlten
Arbeitsfläche ausrollen und auf
ein mit Backpapier belegtes Backblech legen. Noch einmal etwa 15
Minuten gehen lassen.

5 Butter, Sahne, Honig und Zucker
in einem Topf aufkochen, die
Mandelblättchen untermischen. Die

TIPP

Wenn Sie keinen
fertigen Ananas-
Frischkäse bekom-
men, pürieren Sie
einige Ananasstücke
aus der Dose und
rühren Sie das
Fruchtpüree unter
den Frischkäse.

Mischung auf dem Hefeteigboden
verteilen.

6 Den Kuchen im vorgeheizten
Backofen bei 200 °C (Umluft
180 °C) 30 bis 35 Minuten backen.
Anschließend abkühlen lassen und
waagerecht durchschneiden.

7 Für die Füllung aus Puddingpulver und kalter Milch einen
dicken Pudding anrühren. Den Ananas-Frischkäse unterheben und die
Creme auf die untere Hälfte des
Bodens streichen.

8 Die obere Kuchenhälfte daraufsetzen und den Bienenstich bis
zum Servieren kühl stellen.

VARIANTE

Haselnuss-Bienenstich

Den Teig wie oben beschrieben zubereiten, gehen lassen und auf
ein mit Backpapier belegtes Backblech legen (Schritt 1 bis 4). Für
den Belag Butter, Sahne, Honig,
Zucker, 2 Teelöffel gemahlenen Zimt
und 150 Gramm gehackte Haselnusskerne in einem Topf aufkochen
lassen und auf dem Teig verteilen.
Wie beschrieben backen, abkühlen
lassen und durchschneiden (Schritt 6).
Für die Füllung Puddingpulver mit
Milch zubereiten, 400 Gramm Frischkäse unterrühren und 100 Gramm
gemahlene Haselnüsse unterheben.
Den unteren Boden mit der Creme
bestreichen und die obere Kuchenhälfte aufsetzen.

Schlemmerkuchen

→ Foto

Zutaten für 1 Springform (26 cm Ø)
Ergibt 16 Stücke

→ Foto

Für den Teig: 200 g Mehl • 50 g gemahlene Haselnusskerne • 75 g brauner Zucker • 1 Ei • 1 Prise Salz • 125 g Butter
Für den Belag: 8 Eier • 1 EL Zitronensaft • 300 g Zucker • 750 g Magerquark ¼ l Schlagsahne • 3 EL Mehl • 2 EL Kürbiskerne

1 Mehl, Nüsse, Zucker, Ei, Salz und weiche Butter kurz zu einem glatten Teig verkneten. Eine Kugel formen und in Frischhaltefolie gewickelt etwa 30 Minuten kalt stellen.

2 Teig auf einer bemehlten Arbeitsfläche ausrollen. Die Form mit Backpapier auslegen, den Rand fetten. Mit Teig auslegen, einen etwa 4 Zentimeter hohen Rand formen.

3 Für den Belag die Eier trennen. Eiweiß mit Zitronensaft steif schlagen und kalt stellen. Eigelb mit 3 Esslöffel warmem Wasser schaumig schlagen, nach und nach den Zucker einrieseln lassen. Dabei schlagen, bis eine helle, dickliche Creme entstanden ist.

4 Den Magerquark unterrühren, die Sahne zugießen. Mehl darübersieben und untermischen. Das steif geschlagene Eiweiß mit einem Schneebesen unterheben.

5 Die Quarkmischung auf den Teigboden geben, mit Kürbiskernen bestreuen. Die Form in den vorgeheizten Backofen schieben. Bei 175 °C (Umluft 150 °C) etwa 70 Minuten backen. Aus dem Ofen nehmen und in der Form auskühlen lassen.

TIPP

Benötigen Sie nur wenig Saft einer Zitrone, dann stechen Sie die Frucht mit einer Stricknadel nur an und pressen die benötigte Menge heraus. Die Zitrone trocknet nicht so schnell aus und kann weiter aufbewahrt werden.

Spiegeleierkuchen

Zutaten für 1 Backblech (30 x 40 cm)
Ergibt 16 Stücke

Für den Teig: 250 g Butter oder Margarine • 200 g Zucker • 4 Eier • 375 g Mehl • 2 TL Backpulver • 5 EL Milch
Für den Belag: 200 g Mascarpone 50 g Magerquark • 4 EL Milch 2 EL Puderzucker • ½ Dose Aprikosenhälften (240 g Abtropfgewicht)
Außerdem: 2 EL gehackte Pistazienkerne

1 Fett und Zucker schlagen, bis sich der Zucker aufgelöst hat. Nacheinander die Eier dazugeben und schaumig schlagen. Mehl und Backpulver mischen, sieben und abwechselnd mit der Milch unterrühren.

2 Ein Backblech fetten, den Teig daraufstreichen und im vorgeheizten Backofen bei 175 °C (Umluft 150 °C) 20 bis 25 Minuten backen. Auskühlen lassen.

3 Mascarpone, Quark und Milch mit Puderzucker mischen und schlagen. Creme in Klecksen auf dem Kuchen verteilen. Aprikosenhälften darauflegen. Pistazien aufstreuen.

TIPP

Der Kuchen lässt sich leicht abwandeln. Dafür die Mengen von Mascarpone, Quark und Puderzucker verdoppeln. Die Creme gleichmäßig auf den Kuchen streichen und 750 Gramm frische oder tiefgekühlte Beeren darüberstreuen.

Süßer Ricotta-Kranz

→ Foto

*Zutaten für 1 Backblech
oder 1 Kranzform (26 cm Ø)
Ergibt 12 Stücke*

Für den Teig: ½ Würfel Hefe
200 ml lauwarme Milch • 1 TL Zucker
375 g Mehl • 80 g Zucker • 1 Prise Salz
50 g Butter oder Margarine
Für die Füllung: 20 g Butter
200 g Aprikosenkonfitüre • 400 g Ricotta
1 Eigelb • 200 g getrocknete Aprikosen
50 g Zitronat
Außerdem: 2 EL Hagelzucker

1 Die Hefe zerkrümeln und in lauwarmer Milch mit 1 Teelöffel Zucker auflösen. Mehl, Zucker, Salz und zerlassenes Fett in eine Schüssel geben, die Hefemilch dazugeben, alles mit den Knethaken des Handrührers vermengen und durchkneten, bis sich der Teig vom Schüsselrand löst.

2 Den Teig zugedeckt bis zur doppelten Größe aufgehen lassen.

3 Den Teig mit den Händen durchkneten und zu einem Rechteck von 30 mal 50 Zentimeter ausrollen. Mit zerlassener Butter bestreichen.

4 Die Hälfte der Konfitüre mit Ricotta und Eigelb verrühren und auf den Teig streichen. Die Aprikosen in Streifen schneiden und zusammen mit dem Zitronat auf der Ricottacreme verteilen.

5 Den Teig aufrollen und zu einem Kranz geformt auf ein mit Backpapier belegtes Blech setzen oder in eine gefettete Kranzform legen.

6 Im vorgeheizten Backofen bei 200 °C (Umluft 175 °C) etwa 35 Minuten backen.

7 Die restliche Konfitüre in einem kleinen Topf bei milder Hitze erwärmen und auf den Kranz streichen. Mit Hagelzucker bestreuen.

TIPP

Beachten Sie bei Hefeteig, dass er keine Zugluft verträgt und daher während der Gehzeit gut abgedeckt werden muss.

Himbeer-Quarktorte ❄

*Zutaten für 1 Springform (24 cm Ø)
Ergibt 12 Stücke*

Für den Boden: 150 g Vollmilch-Kuvertüre • 50 g Mandelstifte • 80 g Cornflakes
Für den Belag: 12 Blatt weiße Gelatine
500 g Ricotta • 150 g Zucker
400 g Himbeeren • ¼ l Sahne

1 Kuvertüre schmelzen, Mandelstifte und grob gehackte Cornflakes unterziehen und die Masse in eine mit Backpapier ausgelegte Springform drücken. 30 Minuten kalt stellen.

2 Gelatine in kaltem Wasser einweichen. Ricotta, Zucker und Himbeeren verrühren. Gelatine bei milder Hitze auflösen, erst etwas von der Ricotta-Creme unterrühren, dann den Gelatine-Mix zügig unter die Creme mengen. Sahne steif schlagen und unterheben. Creme auf den Boden streichen und 3 Stunden kalt stellen.

TIPP

Zum Schluss können Sie die Torte noch mit einigen frischen Himbeeren, Schokoraspeln und Minzblättchen verzieren.

Geeister Mascarpone-Gugelhupf ❄

→ Foto

→ Foto

TIPP

Dieser Gugelhupf wird an heißen Sommertagen als Nachspeise bei der Gartenparty für helle Begeisterung sorgen!

Zutaten für 1 Gugelhupfform
(1,2 Liter Inhalt)
Ergibt 12 Stücke

Für den Boden: 150 g Amarettini-Kekse (Mandelmakronen) • 125 g Butter
Für die Füllung: 400 g Mascarpone 300 g Frischkäse • 100 g Zucker • Saft von je 1 Limette und Zitrone • 200 ml Sahne

1 Amarettini-Kekse zerbröseln und mit der zerlassenen Butter mischen. In eine mit Backpapier ausgelegte Springform drücken und kalt stellen.

2 Mascarpone mit Frischkäse, Zucker, Limetten- und Zitronensaft verrühren, Sahne steif schlagen und unterheben. In die Form füllen und über Nacht gefrieren lassen.

3 15 Minuten vor dem Servieren herausnehmen und auf den Keksboden stürzen. Mit Zesten von Zitrusfrüchten garnieren.

Kleine Sambucatorte

Zutaten für 1 Rosettenform
(1 bis 1,2 Liter Inhalt)
Ergibt 8 Stücke

TIPP

Statt der Rosettenform können Sie auch eine andere Form für 1 bis 1,2 Liter Inhalt verwenden. Beachten Sie aber, dass die Backzeit je nach Form variiert.

Für den Teig: 125 g Butter oder Margarine • 125 g Zucker • 1 Prise Salz 1 EL Sambuca • 2 Eier • 250 g Mehl ½ Päckchen Backpulver • 5 EL Milch
Für den Belag: 5–6 EL Sambuca 250 g Mascarpone • 125 g Magerquark 30 g Zucker
Außerdem: 1 Eiweiß • 150 g kernlose helle Trauben • 2 EL Zucker

1 Fett mit Zucker, Salz und Sambuca in eine Schüssel geben. Mit den Quirlen des Handrührers schlagen, bis der Zucker sich aufgelöst hat und die Mischung hell und cremig ist.

2 Eier nach und nach unterrühren. Mehl mit Backpulver mischen und zufügen. Milch zugeben und alles kurz zu einem glatten Teig verrühren.

3 Teig in die gefettete Form geben und bei 175 °C (Umluft 150 °C) 30 bis 40 Minuten backen. Aus der Form stürzen und abkühlen lassen.

4 Mit einem Hölzchen oder Zahnstocher die Oberfläche des Kuchens mehrfach einstechen und mit der Hälfte des Likörs beträufeln.

5 Mascarpone, Quark, Zucker und restlichen Sambuca glatt rühren und auf die ausgekühlte Torte streichen, dabei ein Muster ziehen.

6 Eiweiß verschlagen. Die Trauben in das Eiweiß tauchen, in Zucker wälzen und trocknen lassen. Die Torte damit verzieren.

Quark-Buchteln

→ Foto

Zutaten für 1 rechteckige Form
Ergibt 12 Buchteln

Für den Teig: ½ Würfel Hefe
2 TL Zucker • ¼ l Milch • 500 g Mehl
1 Päckchen Vanillezucker • 1 Ei
1 Prise Salz • 50 g Butter
Für die Füllung: 350 g Sahnequark (40 %)
2 Eigelbe • 2 EL Zucker
3 EL Semmelbrösel
Außerdem: 120 g Butter • Puderzucker

1 Die Hefe mit den Händen zerbröckeln und mit dem Zucker in der lauwarmen Milch auflösen. An einen warmen Ort stellen und 15 Minuten gehen lassen.

2 Mehl, Vanillezucker, Ei, Salz und zerlassene Butter in eine Schüssel geben. Hefemilch dazugeben und alles mit den Knethaken des Handrührers verkneten, bis sich der Teig als Kugel vom Schüsselboden löst.

3 Zugedeckt an einen warmen Ort stellen und 30 Minuten gehen lassen, bis sich der Teig in etwa verdoppelt hat.

4 Quark mit Eigelb, Zucker und Brösel vermischen. Den Teig noch einmal mit den Händen gut durchkneten. In eigroße Stücke teilen, etwas flachdrücken, einen Löffel Quarkfüllung in die Mitte geben und zu Kugeln formen.

5 Flüssige lauwarme Butter in eine rechteckige Backform oder einen Bräter geben, die Teigkugeln darin wenden und dicht an dicht so hineinlegen, dass die Teignaht unten liegt.

6 Die fertig geformten Buchteln in der Form noch einmal 15 Minuten gehen lassen.

7 Die Buchteln im vorgeheizten Ofen bei 180 °C (Umluft 160 °C) etwa 35 Minuten goldbraun backen. Die heißen Buchteln mit einem Esslöffel in einzelne Portionen teilen und dick mit Puderzucker bestäubt noch warm servieren.

VARIANTE

Zwetschgen-Buchteln mit Orangensauce

Den Buchtelteig wie oben beschrieben zubereiten (Schritt 1 bis 3). Für die Füllung 250 Gramm Quark mit den übrigen oben angegebenen Zutaten verrühren, 150 Gramm Soft-Pflaumen würfeln und unterheben. Die Buchteln wie beschrieben füllen und backen (Schritt 4 bis 7). Für die Orangensauce ein Päckchen Vanillesauce zum Kaltanrühren mit ⅛ Liter Milch und ⅛ Liter frisch gepresstem Orangensaft anrühren. Zu den Buchteln servieren.

INFO

Die nach Hefe duftenden buttrigen Buchteln, die man in manchen Regionen auch Wuchteln oder Rohrnudeln nennt, stammen aus der böhmischen Küche. Sie schmecken nicht nur zum Nachmittagskaffee, sondern auch als süßes Hauptgericht mit Kompott oder zum späten Frühstück wunderbar.

TIPP

Schichtkäse ist für die Herstellung von Käsekuchen besonders gut geeignet, da er eine festere Konsistenz hat als normaler Quark, der oft durch Zusatz von Joghurt cremiger gemacht wird.

TIPP

Buchteln kann man ebenso gut auch mit Pflaumenmus, Marillenmarmelade oder Kirschen füllen, sie schmecken aber auch pur dick mit Puderzucker bestäubt sehr gut.

Schichtkäsekuchen

→ Foto

Zutaten für 1 Tarteform mit gewelltem Rand oder 1 Springform (26 cm Ø) Ergibt 12 Stücke

TIPP

Zum Blindbacken eignen sich getrocknete Erbsen, Linsen, Bohnen, aber auch getrocknete Kirschkerne. Wenn Sie nichts dergleichen im Haus haben, können Sie zur Not auch ungekochten Reis verwenden.

Für den Teig: 250 g Mehl • 1 Prise Salz 50 g Puderzucker • 125 g Butter oder Margarine • 1 Ei • Hülsenfrüchte zum Blindbacken

Für den Belag: 3 Eier • 750 g Schichtkäse • 200 g Zucker • Abgeriebene Schale von 1 Zitrone • 2 EL Zitronensaft 1 TL Ingwerpulver • 50 g zerlassene Butter oder Margarine • 75 g getrocknete Aprikosen • 40 g Speisestärke 1 Prise Salz

1 Mehl, Salz, Puderzucker, weiches Fett und Ei in eine Schüssel geben. Alles mit den Knethaken des Handrührers zu einem glatten Teig verkneten.

2 Den Teig in Frischhaltefolie wickeln und 30 Minuten im Kühlschrank ruhen lassen.

3 Den Teig zwischen zwei Lagen Frischhaltefolie ausrollen und die Form damit auskleiden. Zum Blindbacken ein passendes Stück Backpapier auf den Teig legen und mit Hülsenfrüchten bestreuen.

TIPP

Beachten Sie bitte immer, dass mit Eiweiß zubereitete Teige nicht lange stehen dürfen und deshalb unmittelbar in den Ofen geschoben werden sollten.

4 Im vorgeheizten Backofen bei 200–225 °C (Umluft 180–200 °C) 10 Minuten backen. Nach dieser Zeit das Backpapier und die Hülsenfrüchte entfernen und den Boden weitere 5 Minuten backen.

5 Inzwischen die Eier trennen. Schichtkäse, Zucker, Zitronenschale, Zitronensaft, Ingwerpulver, Eigelb und das zerlassene Fett verrühren.

6 Die Aprikosen halbieren und in dünne Streifen schneiden, mit Speisestärke mischen und unter die Käsemischung rühren.

7 Eiweiß mit Salz steif schlagen und unterheben. Die Käsemischung in den vorgebackenen Boden füllen und bei 175 °C (Umluft 150 °C) weitere 45 bis 55 Minuten backen.

8 Anschließend im abgeschalteten Backofen bei geöffneter Backofentür 10 Minuten ruhen lassen. In der Form abkühlen lassen, bis der Belag halbfest ist.

VARIANTE

Eierlikör-Käsekuchen

Den Teig kneten, kühlen, ausrollen und blindbacken wie oben beschrieben (Schritt 1 bis 4). Für die Füllung die Eier trennen. Das Eiklar mit einer Prise Salz steif schlagen. Eigelb mit Schichtkäse, Zucker, Zitronensaft- und -schale, Butter und 5 Esslöffel Stärke verrühren. 100 Milliliter Eierlikör unterrühren, zum Schluss den Eischnee unterheben. Die Masse auf den vorgebackenen Teig geben, mit 100 Gramm Haselnuss-Krokant bestreuen und etwas andrücken. Im vorgeheizten Backofen bei 180 °C (Umluft 160 °C) etwa 50 Minuten backen, kurz vor Ende der Backzeit mit Alufolie abdecken, wenn der Kuchen zu dunkel wird.

Quarkstollen

→ Foto

Zutaten für 1 Stollen

Für den Teig: 250 g Magerquark
500 g Mehl • 1 Päckchen Backpulver
1 Prise Salz • 1 TL gemahlener Kardamom
1 TL abgeriebene Schale von 1 unbehandelten Zitrone • 100 g Zitronat • 75 g
gehackte Mandeln • 125 Rosinen • 125 g
Korinthen • 200 g Zucker • 200 g Butter
oder Margarine • 2 Eier • 2 EL Rum
Außerdem: 50 g Butter • Puderzucker

1 Quark in ein Haarsieb geben und
abtropfen lassen. Mehl, Backpulver, Salz und Kardamom in eine
Schüssel geben und vermischen.

2 Zitronenschale, Zitronat, Man-
deln, Rosinen, Korinthen und
Zucker zufügen. Quark und weiches
Fett in Flöckchen darauf verteilen.

3 Eier und Rum zugeben und alles
mit den Knethaken des Handrührers rasch verkneten. Einen länglichen
Stollen formen und auf ein mit Backpapier ausgelegtes Backblech legen.

4 Im vorgeheizten Backofen bei
180 °C (Umluft 160 °C) etwa
60 Minuten backen. Sofort mit der
zerlassenen Butter bepinseln und
mit Puderzucker bestäuben.

Quarkstrudel

*Zutaten für 1 tiefes Backblech
(etwa 30 x 40 cm)*

Für den Teig: 60 g Butter oder Margarine
350 g Mehl • 1 Prise Salz • 1 Ei
Für die Füllung: 100 g Rosinen • 3 EL
Rum • 75 g Butter oder Margarine • 2 Eier
250 g Schmant • Mark von 1 Vanilleschote
500 g Magerquark • 1 TL abgeriebene
Schale von 1 unbehandelten Zitrone
100 g Zucker • 1 EL gemahlene Mandeln
Außerdem: ⅛ l Milch • 3 EL Puderzucker

1 Fett schmelzen. Mehl, Salz, Ei
und 125 Milliliter warmes Wasser
zufügen und 10 Minuten kneten. Den
Teig in Frischhaltefolie wickeln und
mindestens 30 Minuten ruhen lassen.

2 Die Rosinen in Rum einweichen.
60 Gramm Fett, Eier, Schmant,
Vanillemark, Quark, Zitronenschale,
80 Gramm Zucker und Rosinen verrühren.

3 Den Teig auf einem großen bemehlten Tuch sehr dünn ausrollen. Dann über die Handrücken
hauchdünn ausziehen. Das restliche
Fett zerlassen, auf den Teig streichen
und mit Mandeln bestreuen. Die
Quarkmasse auf eine Hälfte geben.

4 Den Strudel vorsichtig aufrollen,
dabei das Tuch auf einer Seite
anheben. Auf ein Blech mit Backpapier geben und mit dem restlichen
Zucker bestreuen. Im vorgeheizten
Ofen bei 200 °C (Umluft 180 °C) etwa
10 Minuten backen. Milch darübergießen und weitere 35 bis 40 Minuten
backen. Mit Puderzucker bestäuben.

Fruchtige Käsekuchen

Käsetorte mit Sauerkirschen

→ Foto

Zutaten für 1 Springform (26 cm Ø)
Ergibt 10 bis 12 Stücke

Für den Teig: 250 g Mehl
125 g Butter oder Margarine
70 g Zucker • 1 Ei
Für den Belag: 1 Glas Sauerkirschen
(Abtropfgewicht 370 g) • 25 g Speisestärke • 2–3 EL gemahlene Mandeln
75 g Butter oder Margarine • 600 g
Magerquark • 150 g Doppelrahm-
Frischkäse • 200 g Zucker • 1 Päckchen
Vanillezucker • Abgeriebene Schale
von ½ Zitrone • 2 EL Zitronensaft
5 Eier • 1 EL Mehl • 1 Eigelb zum
Bestreichen
Außerdem: 2 EL Aprikosenkonfitüre
zum Bestreichen • 20 g Mandelblättchen
zum Bestreuen

1 Für den Teig Mehl mit Fett, Zucker und dem Ei in eine Schüssel geben. Mit den Knethaken des Handrührers gut vermischen. Anschließend mit den Händen zu einem glatten Teig verkneten.

2 Den Teig zu einer Kugel formen, in Frischhaltefolie wickeln und mindestens 30 Minuten im Kühlschrank kalt stellen.

3 Die Sauerkirschen in einem Sieb gut abtropfen lassen, dabei den Saft aus dem Glas in einer Schüssel auffangen. 250 Milliliter Kirschsaft abmessen. Die Stärke mit 3 Esslöffel von dem Saft glatt rühren.

4 Den restlichen Saft in einem kleinen Topf aufkochen, die an- gerührte Stärke unterrühren und eine halbe Minute kochen. Die Kirschen untermischen.

5 Den Teig auf einer bemehlten Arbeitsfläche ausrollen und die gefettete Springform damit auslegen. Kirschen und gemahlene Mandeln darauf verteilen.

6 Das Fett in einer Pfanne bei milder Hitze zerlassen und abkühlen lassen. Anschließend mit Quark, Frischkäse, Zucker, Vanillezucker, Zitronenschale, Zitronensaft, Eiern und Mehl verrühren.

7 Die Quarkmasse auf den Sauerkirschen verteilen. Dann den Kuchen im vorgeheizten Backofen bei 175 °C (Umluft 150 °C) etwa 60 Minuten backen.

8 Das Eigelb mit etwas Wasser verquirlen und die Torte damit bestreichen. Kuchen weitere 15 Minuten backen.

9 Den Kuchen in der Backform vollständig auskühlen lassen, erst dann den Teig ringsherum mit einem Messer vom Rand lösen und den Springformrand öffnen und vorsichtig abnehmen.

10 Den Rand der Torte mit Konfitüre bestreichen. Die Mandelblättchen in der Mikrowelle oder in einer beschichteten Pfanne ohne Fett goldgelb rösten und den Tortenrand damit verzieren.

TIPP

Speisestärke wird aus Kartoffeln, Mais oder Reis gewonnen und sollte stets trocken, luftdicht und dunkel gelagert werden.

TIPP

Statt der Aprikosenkonfitüre können Sie natürlich auch jede andere Konfitüre verwenden, sie sollte nur keine Fruchtstücke enthalten. Zur Not die Konfitüre vorab pürieren.

Aprikosen-Quark-Tarte

→ Foto

Zutaten für 1 Tarte- oder Springform (24 cm Ø)
Ergibt 12 Stücke

Für den Teig: 200 g Mehl • 50 g gemahlene Mandeln • 125 g Butter oder Margarine • 70 g brauner Zucker • 1 Ei • 1 Prise Zimt • Hülsenfrüchte zum Blindbacken
Für den Belag: 200 g Speisequark (40 %) 3 Eier • 1 TL Speisestärke • 3 EL Zucker • 500 g entsteinte Aprikosen 1 EL Mandelblättchen
Außerdem: 2 EL Puderzucker

1 Mehl mit Mandeln, weichem Fett, Zucker, Ei und Zimt in einer Schüssel kurz verrühren.

2 Mit den Händen zu einem glatten Teig verarbeiten. Eine Kugel formen, in Frischhaltefolie wickeln und 30 Minuten kalt stellen.

3 Die Form fetten. Teig zwischen zwei Lagen Frischhaltefolie ausrollen und die Form damit auskleiden. Mit einem Stück Backpapier belegen und zum Blindbacken mit Hülsenfrüchten bestreuen.

4 Den Boden im vorgeheizten Ofen bei 200 °C (Umluft 180 °C) etwa 15 Minuten backen. Herausnehmen, Hülsenfrüchte und Papier entfernen.

5 Inzwischen Quark mit Eiern, Speisestärke und Zucker verrühren. Auf den Boden geben und glatt streichen. Die Aprikosen darauf verteilen. Mandelblättchen darüberstreuen.

6 Bei 180 °C (Umluft 160 °C) weitere 30 Minuten backen. Abkühlen lassen. Mit Puderzucker bestäubt servieren.

Fränkischer Apfelkuchen

Zutaten für 1 Springform (26 cm Ø)
Ergibt 12 Stücke

Für den Teig: 250 g Mehl • 2 TL Trockenhefe • 50 g Zucker • 1 Prise Salz • 80 g Butter oder Margarine • 1 Ei • 6–8 EL Milch
Für den Belag: 250 g Magerquark 1 Päckchen Zitronenschalen-Aroma 30 g Zucker • 6 EL Milch • 600 g Äpfel
Für den Guss: 2 Eier • 60 g Zucker 1 Päckchen Vanillezucker
Außerdem: Dekor-Schnee

1 Mehl, Hefe, Zucker und Salz mischen. Weiches Fett, Ei und lauwarme Milch zufügen. Mit den Knethaken des Handrührers zu einem glatten Teig verkneten. Zugedeckt an einem warmen Ort 20 Minuten gehen lassen.

2 Springform mit Backpapier auslegen, Rand fetten. Teig in die Form drücken und dabei einen Rand von 2 Zentimeter hochziehen. Nochmals 15 Minuten gehen lassen.

3 Gut abgetropften Quark, Zitronenschalen-Aroma, Zucker und Milch verrühren. Äpfel schälen, vier-

teln, entkernen und in Spalten schneiden. Die Quarkmasse auf den Hefeteig geben und mit den Apfelspalten
gleichmäßig belegen.

4 Die Zutaten für den Guss verrühren, über die Äpfel geben. Bei
175 °C (Umluft 150 °C) 1 Stunde
backen. Mit Dekor-Schnee bestäuben.

Dinkel-Quarkkuchen mit Heidelbeeren

→ Foto

Zutaten für 1 Tarte- oder Springform (24 cm Ø)
Ergibt 12 Stücke

Für den Teig: 250 g Dinkel-Vollkornmehl
125 g Butter oder Margarine • 75 g Zucker
1 Ei • Hülsenfrüchte zum Blindbacken
Für den Belag: 400 g Speisequark (40 %)
3 Eier • 1 Päckchen Vanille-Puddingpulver
3 EL Zucker • 250 g Heidelbeeren

1 Mehl mit weichem Fett, Zucker und Ei mit den Knethaken des Handrührers kurz vermischen. Mit den Händen zu einem glatten Teig verarbeiten. Eine Kugel formen und in Frischhaltefolie gewickelt 30 Minuten kalt stellen.

2 Die Form fetten. Teig zwischen zwei Lagen Frischhaltefolie ausrollen und die Form damit auskleiden. Mit einem Stück Backpapier belegen und zum Blindbacken mit Hülsenfrüchten bestreuen.

3 Im vorgeheizten Backofen bei 200 °C (Umluft 180 °C) etwa 15 Minuten backen. Herausnehmen, Hülsenfrüchte und Backpapier entfernen.

4 Quark mit Eiern, Puddingpulver und Zucker verrühren und auf den Boden geben. Die Heidelbeeren darüber verteilen. Den Kuchen bei 180 °C (Umluft 160 °C) weitere 30 Minuten backen.

TIPP

Wenn Sie statt frischer Heidelbeeren Beeren im Glas verwenden möchten, so lassen Sie sie vorher unbedingt gut abtropfen, damit der Kuchen nicht zu sehr durchweicht.

Mirabellenkuchen mit Frischkäseguss

Zutaten für 1 Backblech (30 x 40 cm)
Ergibt 20 Stücke

Für den Teig: ½ Würfel Hefe
1 TL Zucker • 175 ml Milch • 50 g Butter
oder Margarine • 375 g Mehl • 30 g Zucker
1 Prise Salz
Für den Belag: 1 ½ kg Mirabellen
150 g rote Johannisbeeren • 100 g
Zucker • 3 Eier • 150 g Doppelrahm-
Frischkäse • 20 ml Schlagsahne
1 EL Speisestärke

1 Hefe zerbröckeln und mit dem Zucker in lauwarmer Milch auflösen. Zugedeckt an einem warmen Ort 10 Minuten gehen lassen.

2 Fett zerlassen und mit Mehl, Zucker und Salz in eine Schüssel geben. Die Hefemilch zufügen und mit den Knethaken des Handrührers zu einer glatten Teigkugel kneten. Zugedeckt an einem warmen Ort bis zur doppelten Größe aufgehen lassen.

3 Teig auf einer bemehlten Arbeitsfläche durchkneten und ausrollen. Backblech fetten, mit Teig auslegen, dabei einen Rand hochziehen.

TIPP

Kuchen aus Hefeteig bewahrt man am besten in einer Frischhaltebox auf, das schützt vor dem Austrocknen.

4 Die Früchte waschen. Mirabellen entsteinen und mit 50 Gramm Zucker mischen. Auf dem Teig anordnen und im vorgeheizten Backofen bei 200 °C (Umluft 175 °C) etwa 20 Minuten vorbacken.

5 Johannisbeeren von den Stielen streifen. Restlichen Zucker, Eier, Frischkäse, Sahne und Speisestärke verquirlen und auf den Kuchen gießen. Beeren darüberstreuen und nochmals 30 Minuten backen.

Ingwer-Apfelkuchen mit Schmantguss

→ Foto

*Zutaten für 1 tiefes Blech (Fettpfanne)
oder 2 Springformen (26 cm Ø)
Ergibt 16 bzw. 24 Stücke*

Für den Teig: ½ Würfel Hefe • 1 Prise
Zucker • 200 ml Milch • 50 g Butter oder
Margarine • 375 g Mehl • 30 g Zucker
1 Prise Salz
Für den Belag: 1 ½ kg Äpfel
1 daumengroßes Stück Ingwerwurzel
1 unbehandelte Zitrone • 100 g Zucker
3 Eier • 350 g Schmant

TIPP

Für diesen Kuchen
eignen sich am
besten die eher
säuerlichen Sorten
Boskop oder Cox
Orange.

1 Die Hefe zerbröckeln und mit dem Zucker in der lauwarmen Milch auflösen. Das Fett zerlassen. Mit Mehl, Zucker und Salz in eine Schüssel geben.

2 Die Hefemilch zufügen und mit den Knethaken des Handrührers kneten, bis der Teig sich als Kugel vom Schüsselboden löst.

3 Zugedeckt an einen warmen Ort stellen und bis zur doppelten Größe aufgehen lassen.

4 Das tiefe Backblech des Backofens fetten, den Teig auf einer bemehlten Arbeitsfläche ausrollen und auf das Blech oder in die Form legen. Dabei ringsherum einen schmalen Rand hochziehen.

5 Die Äpfel schälen, vierteln, entkernen und würfeln oder in Spalten schneiden. Ingwerwurzel mit dem Sparschäler schälen und im Blitzhacker oder mit einem kleinen scharfen Messer fein hacken.

6 Zitronenschale abreiben, den Saft auspressen. Äpfel mit Ingwer, Zitronensaft und -schale mischen. 50 Gramm Zucker untermischen.

7 Die Fruchtmischung auf dem Teig verteilen. Den Kuchen im vorgeheizten Backofen bei 200 °C (Umluft 180 °C) etwa 20 Minuten backen.

8 Die Eier mit dem Schmant und dem restlichen Zucker verquirlen und über den Kuchen gießen. Wieder in den Backofen schieben und weitere 30 Minuten backen.

9 Erst wenn der Kuchen vollständig ausgekühlt ist, in Portionsstücke schneiden und servieren.

VARIANTE

Stachelbeer-Quarkkuchen mit Muskatstreuseln

Den Teig wie beschrieben zubereiten und auf das Blech legen (Schritt 1 bis 4). 750 Gramm Stachelbeeren waschen und abtropfen lassen. 750 Gramm Magerquark mit 3 Eiern, 100 Gramm Zucker und 2 Esslöffel Speisestärke verrühren. Stachelbeeren und Quarkcreme auf dem Hefeteig verteilen. Aus 250 Gramm Mehl, 125 Gramm Zucker, 200 Gramm Butter und ¼ Teelöffel frisch geriebener Muskatnuss Streusel kneten und auf dem Kuchen verteilen. Im vorgeheizten Backofen bei 180 °C (Umluft 160 °C) etwa 35 Minuten backen.

TIPP

Der Zitronensaft
verhindert, dass die
geschälten Apfel-
stücke braun
werden, und sorgt
zugleich für eine
Verstärkung des
Apfelaromas.
So entsteht eine
perfekte Kombi-
nation aus Süße
und Säure.

Pflaumentorte

→ Foto

Zutaten für 1 Springform (26 cm Ø)
Ergibt 12 Stücke

Für den Teig: 150 g Butter oder
Margarine • 125 g Honig • ½ Vanilleschote
1 Prise Salz • 2 Eier • 100 g Mehl
1 ½ TL Backpulver
Für die Füllung: 1 kg Pflaumen
300 ml Rotwein • 2 EL Rohrzucker
½ TL abgeriebene Schale von
1 unbehandelten Zitrone • 1 Päckchen
klarer Tortenguss • 3 Blatt weiße Gelatine
200 g Speisequark (40 %) • 2 EL
Ahornsirup • ½ TL Zimt
Außerdem: 200 ml Schlagsahne
2 TL Zucker • 50 g Walnusskerne

1 Das Fett, den Honig, das ausgekratzte Mark der Vanilleschote und das Salz cremig schlagen. Die Eier nacheinander unterrühren. Mehl und Backpulver auf die Mischung sieben und mit einem Schneebesen unterheben.

2 Den Boden der Springform mit Backpapier auslegen, den Rand fetten. Den Teig in die Form füllen und im vorgeheizten Backofen bei 175 °C (Umluft 150 °C) 20 bis 25 Minuten backen. Abkühlen lassen.

3 Die Pflaumen waschen und entsteinen. Wein, Zucker und Zitronenschale in einem kleinen Topf aufkochen. Die Pflaumen darin 5 Minuten dünsten, dann abtropfen lassen, den Kochsud dabei auffangen.

4 Um den Boden einen Tortenring legen. Tortengusspulver mit ¼ Liter Pflaumensud verrühren und aufkochen.

5 Einige Pflaumen beiseitelegen. Den Rest auf dem Tortenboden verteilen und den Guss darübergießen. Erkalten lassen.

6 Die Gelatine in kaltem Wasser einweichen, ausdrücken und in der Mikrowelle oder im Wasserbad auflösen. Quark mit Ahornsirup und Zimt verrühren. Etwas von der Mischung zur Gelatine geben, verrühren und die Mischung unter die Quarkcreme rühren.

7 Die Quarkcreme auf die Pflaumen geben und so lange kalt stellen, bis die Creme fest ist. Erst dann den Tortenring abnehmen.

8 Sahne mit Zucker steif schlagen und die Torte damit bestreichen. Mit einem Tortenkamm Muster in die Sahne ziehen. Die Torte mit Walnusshälften und Pflaumen garnieren.

VARIANTE

Pina-Colada-Torte ❄

Den Boden fertigen (Schritt 1 bis 2), mit Tortenring umschließen. 6 Blatt Gelatine einweichen. 260 Gramm Ananas würfeln. 400 Gramm Frischkäse mit 200 Milliliter Kokosmilch und 50 Gramm Zucker verrühren. Die Gelatine auflösen, etwas Frischkäsecreme unterrühren, dann den Gelatine-Mix zügig unter die Frischkäsemasse rühren. Ananasstücke und 200 Milliliter geschlagene Sahne unterheben. Die Creme auf den Boden geben und 4 Stunden kalt stellen.

TIPP

Wenn Sie einen Tortenboden einfrieren möchten, achten Sie darauf, dass er flach aufliegt. Am besten ein Stück Pappe darunterschieben und auf den Boden des Gefriergeräts legen.

TIPP

Die Pina-Colada-Torte schmeckt sehr lecker, wenn Sie sie vor dem Servieren mit 30 Gramm knusprigen Kokos-Chips bestreuen.

Grapefruit-Honig-Torte

→ Foto

Zutaten für 1 Springform (26 cm Ø)
Ergibt 12 Stücke

Für den Mürbeteig: 125 g Mehl
30 g gemahlene Mandeln • 100 g Butter
oder Margarine • 40 g flüssiger Honig
Für den Biskuitteig: 2 Eier
75 g flüssiger Honig • 1 Prise Salz
1 TL abgeriebene Schale von
1 unbehandelten Zitrone • 80 g Mehl
1 TL Backpulver • 3 EL Orangenmarmelade
Für den Belag: 10 Blatt weiße Gelatine
500 g Magerquark • 125 g flüssiger
Honig • 2 Orangen • 3 rosa Grapefruits
450 ml Schlagsahne

TIPP

Vor dem Filetieren
der Zitrusfrüchte
sollten Sie auch die
zähe weiße Haut
unter der Schale
entfernen, da sie
ein sehr bitteres
Aroma hat. Um den
Saft aufzufangen,
arbeiten Sie über
einem Teller.

1 Mehl, Mandeln, Fett und Honig in eine Schüssel geben und mit den Knethaken des Handrührers so lange kneten, bis ein glatter Teig entstanden ist. Teig in Frischhaltefolie wickeln und mindestens 30 Minuten kalt stellen.

2 Den Teig auf einer bemehlten Arbeitsfläche ausrollen und den Boden der gefetteten Springform damit auslegen.

3 Im vorgeheizten Backofen bei 175–200 °C (Umluft 150–180 °C) etwa 10 Minuten backen.

4 Die Eier trennen. Eigelb, 2 Esslöffel warmes Wasser, Honig, Salz und abgeriebene Zitronenschale so lange schlagen, bis eine helle Creme entstanden ist.

5 Das Eiweiß steif schlagen und auf die Creme geben. Mehl und Backpulver vermischen, über den

TIPP

Die Grapefruit hat
einen bittersüßen
Geschmack und ist
in verschiedenen
Sorten erhältlich.
Die Pink Grapefruit
weist eine stärkere
Süße als ihre helleren Verwandten auf.

Eischnee sieben und alles vorsichtig mit dem Schneebesen unterheben.

6 Den Mürbeteigboden mit der Orangenmarmelade bestreichen. Die Biskuitmasse daraufgeben und den Kuchenboden weitere 10 Minuten backen.

7 Die Gelatine einweichen. Quark und Honig in einer Schale verrühren. Orangen und Grapefruits schälen, die Filets zwischen den Trennhäuten herauslösen und in Stücke schneiden. Den austretenden Fruchtsaft dabei auffangen.

8 Einige Grapefruitfilets und Orangenfilets für die Dekoration beiseitelegen, die restlichen Filets und den Saft unter den Quark rühren. Die Gelatine ausdrücken, in etwas Wasser auflösen und unter die Quarkcreme rühren. Anschließend kalt stellen.

9 250 Milliliter Sahne steif schlagen und unter die Quarkcreme heben, sobald sie zu gelieren beginnt. Einen Tortenring oder Springformrand um den Tortenboden legen und fest verschließen.

10 Die Creme in die Form hineingeben, mit einem Löffel gleichmäßig verteilen und die Torte kalt stellen, bis die Creme fest ist. Dann den Tortenring vorsichtig lösen.

11 Die restliche Sahne steif schlagen und rund um den Rand dicke Tupfen auf die Torte spritzen. Zum Schluss mit den beiseitegelegten Grapefruitfilets garnieren und servieren.

Heidelbeer-Frischkäse-Torte

→ Foto

Zutaten für 1 Springform (28 cm Ø)
Ergibt 12–16 Stücke

→ Foto

Für den Teig: 4 Eier • Salz • 125 g Zucker
75 g Mehl • 50 g gemahlene Mandeln
Für den Belag: 400 g Waldfrucht-Frisch-
käse • Abgeriebene Schale und Saft von
1 unbehandelten Zitrone • 500 g Heidelbeeren • 1 Päckchen roter Tortenguss
2 EL Zucker • ¼ l roter Multivitaminsaft

TIPP

Statt mit Blaubeeren
können Sie diesen
Kuchen natürlich
auch mit anderen
Beeren wie Him-
beeren, Brombeeren
oder einer Beeren-
mischung belegen.

1 Die Eier trennen. Das Eiweiß mit
einer Prise Salz sehr steif schlagen, dabei nach und nach den Zucker
einrieseln lassen.

2 Eigelb zugeben und vorsichtig
unterheben, damit der Eischnee
nicht zu sehr in sich zusammenfällt.
Das Mehl sieben und zusammen mit
den gemahlenen Mandeln mit einem
Teigspatel unter die Masse heben.

3 Die Form mit Backpapier auslegen und die Masse einfüllen. Im
vorgeheizten Ofen bei 200 °C (Umluft
180 °C) etwa 20 Minuten backen.

4 Einige Minuten abkühlen lassen,
dann den Boden mit dem Backpapier auf ein Kuchengitter ziehen und
vollständig auskühlen lassen.

5 Den Frischkäse mit der Zitronenschale und 2 Esslöffel Zitronensaft verrühren und kuppelförmig auf
den Tortenboden streichen. Die Heidelbeeren verlesen, auf dem Frischkäse verteilen, dabei leicht andrücken.

6 Den Tortenguss mit Zucker und
Saft nach Packungsanweisung
zubereiten und mit einem Esslöffel von
der Mitte her vorsichtig über den Heidelbeeren verteilen.

Nektarinentorte ❄

Zutaten für 1 Springform (28 cm Ø)

Für den Boden: 125 g Butter
150 g zerkrümelte Löffelbiskuits
Für den Belag: 400 g Doppelrahm-
Frischkäse • 5–6 EL Multivitaminsaft
4 Nektarinen • 200 ml Sahne • 1 Päckchen
Sahnesteif • ½ Päckchen Tortenguss
⅛ l Multivitaminsaft • 1 EL Zucker

TIPP

Löffelbiskuits
zerbröseln Sie am
besten, indem Sie
sie in einen Gefrier-
beutel geben und
dann mehrmals mit
einem Nudelholz
darüberwalzen.

1 Butter zerlassen, mit Krümel
mischen. In die Form mit Backpapier drücken, 30 Minuten kalt stellen.

2 Frischkäse mit Saft glatt rühren.
Nektarinen bis auf einige Spalten
würfeln. Unter den Frischkäse rühren.
Sahne mit Sahnesteif schlagen und
unter die Creme heben. Einen Tortenring um den Boden stellen und die
Creme einfüllen.

3 Tortengusspulver mit Saft und
Zucker anrühren, Torte mit den
Nektarinenspalten verzieren und den
Guss darüber verteilen. 3 Stunden kalt
stellen.

Patchworkkuchen

→ Foto

Zutaten für 1 Backblech (30 x 40 cm)
Ergibt 20 Stücke

TIPP

Das Mark der
Vanilleschote ent-
fernen Sie folgen-
dermaßen: Schlitzen
Sie die Schote mit
einem scharfen
Messer längs auf
und schaben Sie
das Mark mit dem
Messerrücken
heraus. Mit der
Schote können Sie
Vanillezucker
(→ Seite 40) her-
stellen.

Für den Teig: 250 g Magerquark
150 g Zucker • 1 Prise Salz • 2 Eier
⅛ l geschmacksneutrales Öl • 500 g Mehl
1 Päckchen Backpulver
Für den Belag: ¼ l Milch • 1 Päckchen
backfeste Puddingcreme • 125 g
getrocknete Aprikosen • 250 g Cremequark Vanille • 1 Ei
Für die Streusel: 200 g Mehl
100 g Zucker • 150 g Butter
1 TL gemahlener Zimt
Außerdem: 350 g Apfelmus • Mark von
1 Vanilleschote • 300 g Pflaumenmus

1 Den Quark gut abtropfen lassen
und mit Zucker, Salz, Eiern, Öl,
Mehl und Backpulver zu einem geschmeidigen Teig verkneten, 30 Minuten ruhen lassen. Den Teig auf Backpapier ausrollen und auf das Backblech legen.

2 Milch mit backfester Puddingcreme aufschlagen. Die Aprikosen fein würfeln und zusammen mit
dem Quark und dem Ei unter den
Pudding rühren.

3 Aus Mehl, Zucker, geschmolze-
ner Butter und Zimt Streusel
formen.

4 Das Apfelmus mit dem Vanillemark verrühren. Pudding-Quark-
Masse, Apfel- und Pflaumenmus
abwechselnd auf den Boden klecksen, die Streusel darauf verteilen.

5 Im vorgeheizten Backofen bei
180 °C (Umluft 160 °C) 50 bis
60 Minuten backen.

Pfirsich-Ricotta-Kuchen

Zutaten für 1 Springform (26 cm Ø)
Ergibt 12 Stücke

TIPP

Zum Teilen von
Trockenhefe den
Inhalt auf ein Blatt
Papier schütten und
nach Augenmaß
teilen. Rest wieder
ins Tütchen füllen,
verschließen und
innerhalb einer
Woche verbrauchen.
Zur Sicherheit das
Datum notieren.

Für den Teig: ½ Päckchen Trockenhefe
200 g Mehl • 1 Prise Salz • 1½ EL Zucker
2 EL Walnussöl oder geschmacksneutrales Öl • ⅛ l Milch
Für den Belag: 3 Eier • 75 g Zucker
1 Päckchen Vanillezucker • 40 g Speisestärke • 500 g Ricotta • 3–4 Pfirsiche
Außerdem: 1–2 EL Aprikosenkonfitüre
2 EL gemahlene Pistazienkerne

1 Hefe mit Mehl, Salz und Zucker
mischen, Öl darüber verteilen.
Lauwarme Milch zufügen und alles
verkneten, bis der Teig glatt ist und
sich vom Schüsselboden löst. Zugedeckt an einen warmen Ort stellen
und bis zur doppelten Größe aufgehen
lassen.

2 Teig durchkneten und die gefettete Springform damit auslegen.
Dabei einen Rand von etwa 3 Zentimeter Höhe formen. Noch einmal
10 Minuten gehen lassen.

3 Eier mit Zucker, Vanillezucker und
Speisestärke verrühren. Ricotta

untermischen und auf den Kuchenboden geben.

4 Die Pfirsiche waschen, halbieren und entsteinen. In feine Spalten schneiden und auf der Ricottacreme verteilen. Kuchen im vorgeheizten Backofen bei 175–200 °C (Umluft 150–180 °C) 55 bis 65 Minuten backen.

5 Die Konfitüre erwärmen und die Pfirsichspalten damit bestreichen. Mit gemahlenen Pistazien bestreuen.

Tropen-Käsekuchen

→ Foto

Zutaten für 1 Springform (26 cm Ø)
Ergibt 12 Stücke

TIPP

Beim Auftragen des
Tortengusses sollten
Sie mit einem
breiten Messer oder
einem Löffel rasch
von der Mitte aus
arbeiten, um eine
glatte Oberfläche
zu erhalten.

Für den Boden: 200 g Kokoszwieback
75 g Butter
Für die Füllung: 500 g Quark (20 %)
3 EL Zucker • 2 Eier • 3 EL Grieß • Abrieb
und Saft von 1 unbehandelten Zitrone
Für den Belag: 1 kleine Dose Ananas-
scheiben • 1 kleines Glas Maraschino-
kirschen • 1 Päckchen Tortenguss mit
Vanillegeschmack • 1 EL weißer Rum
1–2 EL Zucker • Kokosraspel

1 Zwieback zerbröseln. Die Butter
zerlassen, mit den Bröseln vermischen. Mischung in die mit Backpapier ausgelegte Form drücken.

2 Den Quark mit Zucker, Eiern,
Grieß, Zitronensaft und Zitronenschale verrühren, Masse auf dem
Boden verteilen. Im vorgeheizten
Backofen bei 200 °C (Umluft 180 °C)
35 bis 40 Minuten backen. Abkühlen
lassen, dann aus der Form lösen.

3 Früchte getrennt abtropfen lassen, den Ananassaft auffangen.
Früchte auf dem Kuchen verteilen.

4 Den Tortenguss nach Packungs-
anleitung mit 50 Milliliter Ananassaft, Rum, Zucker und 200 Milliliter
Wasser zubereiten, gleichmäßig über
dem Kuchen verteilen. Kurz vor dem
Servieren mit Kokosraspeln bestreuen.

Käse-Schichttorte mit Sommerfrüchten

Zutaten für 1 Springform (22 cm Ø)
Ergibt 10 bis 12 Stücke

TIPP

Schneller geht es,
wenn man gleich-
zeitig mit zwei
Springformböden
arbeitet.

Für den Teig: 200 g Butter • 200 g Zucker
1 Prise Salz • 1 TL abgeriebene Zitronen-
schale • 200 g Eier (mit Schale gewogen)
200 g Mehl • ½ Päckchen Backpulver
Saft von je ½ Zitrone und Orange
Für den Belag: 250 g Mascarpone • 2 EL
Zucker • 250 g Vanillepudding (Fertigware)
Außerdem: 300 g Früchte • Zucker

1 Butter, Zucker, Salz und Zitronenschale cremig rühren. Eier dazugeben und schaumig schlagen. Mehl
und Backpulver mischen, darübersieben und unterrühren.

2 Die Springform mit Backpapier
auslegen. Etwa 2 Zentimeter dick
mit einem Viertel der Masse bestreichen, dabei 1 Zentimeter Rand frei
lassen. Im vorgeheizten Backofen bei
200 °C (Umluft 180 °C) 10 bis 15
Minuten backen. Drei weitere Böden
backen und abkühlen lassen.

3 Zitronen- und Orangensaft
mischen und die Böden damit
beträufeln. Mascarpone und Zucker
aufschlagen, Pudding löffelweise
unterschlagen. Die Böden mit der
Creme zusammensetzen, den obers-
ten Boden mit Creme bestreichen und
mit gezuckerten Früchten garnieren.

Mango-Quark-Streuselkuchen

→ Foto

Zutaten für 1 Springform (28 cm Ø)
Ergibt 12 bis 16 Stücke

Für die Streusel: 300 g Mehl
200 g gemahlene Haselnusskerne
150 g Zucker • 2 Päckchen Vanillezucker
250 g Butter
Für die Füllung: 750 g Magerquark
4 Eier • 75 g Butter • 200 g Zucker
2 Päckchen Vanille-Puddingpulver
Abrieb und Saft von 1 unbehandelten
Orange • 1 Dose Mango (250 g Abtropfgewicht)

1 Mehl, Nüsse, Zucker, Vanillezucker und Butter zu Streuseln
verkneten.

2 Den abgetropften Quark mit
Eiern, Butter, Zucker, Puddingpulver, abgeriebener Orangenschale
und dem ausgepressten Orangensaft
zu einer glatten Masse verrühren. Die
Mangospalten gut abtropfen lassen,
würfeln und unter die Masse heben.

3 Die Springform fetten, die Hälfte
der Streusel einfüllen und etwas
festdrücken. Die Quarkmasse daraufgeben und die restlichen Streusel
darüberstreuen.

4 Im vorgeheizten Backofen bei
175 °C (Umluft 150 °C) etwa
60 bis 70 Minuten backen.

TIPP

Damit die Streusel
nicht zu dunkel
werden, decken Sie
den Kuchen vor
Ende der Backzeit
mit Alufolie ab.

Leichter Käsekuchen mit Äpfeln

Zutaten für 1 Backblech (30 x 40 cm)
Ergibt 20 Stücke

Für den Teig: ½ Würfel Hefe (oder
1 Päckchen Trockenhefe) • ½ TL Zucker
¼ l fettarme Milch • 500 g Mehl
1 TL flüssiger Süßstoff • 1 Prise Salz
3 EL Rapsöl
Für den Belag: 1 kg Magerquark • 2 Eier
40 g Speisestärke • 50 g Zucker
1 ½ TL flüssiger Süßstoff • Mark von
1 Vanilleschote • 600 g rote Äpfel
2 EL Sonnenblumenkerne

1 Hefe und Zucker in der lauwarmen Milch auflösen und die

Mischung stehen lassen, bis sie
schaumig aufgegangen ist.

2 Mehl in eine Schüssel geben.
Süßstoff, Salz, Öl und die Hefemilch dazugeben, alles vermengen
und den Teig kräftig durchkneten. Mit
Folie bedeckt an einem warmen Ort
zur doppelten Größe aufgehen lassen.

3 Quark, Eier, Stärke, Zucker, Süß-
stoff und das Vanillemark in eine
Schüssel geben und gut verquirlen.
Die Äpfel waschen. 1 bis 2 schöne
Exemplare beiseitelegen. Den Rest
schälen, entkernen, das Fruchtfleisch

TIPP

Der Teig lässt sich
gut einfrieren. Dann
kalte Milch verwen-
den, bis einschließ-
lich Schritt 2 arbei-
ten und den Teig
verpackt ins Gefrier-
gerät legen. Nach
dem Auftauen sofort
verarbeiten.

würfeln und unter die Quarkmasse rühren.

4 Den Teig auf einem mit Back-papier belegten Blech ausrollen und die Mischung darauf verteilen.

Die restlichen Äpfel entkernen und in hauchdünne Scheiben schneiden. Auf dem Quark verteilen. Mit Sonnen-blumenkernen bestreuen. Im vorge-heizten Backofen bei 200 °C (Umluft 180 °C) etwa 40 Minuten backen.

Meraner Aprikosenkuchen

→ Foto

Zutaten für 1 Springform (28 cm Ø)
Ergibt 12 bis 16 Stücke

Für den Boden: 125 g Magerquark
60 g Zucker • 1 Prise Salz • 1 Ei (Größe S)
5 EL geschmacksneutrales Öl
200 g Mehl • 2 TL Backpulver
Für den Belag: 4 Scheiben Zwieback
3 EL Butter • 40 g brauner Zucker
750 g Aprikosen
Außerdem: 150 g Aprikosenmarmelade
2 EL Mandelblättchen • Puderzucker

1 Quark, Zucker, Salz und Ei verrühren. Nach und nach das Öl
zugeben. Mehl und Backpulver
mischen und unterrühren. Zu einer
Kugel formen und in Frischhaltefolie
gewickelt 30 Minuten ruhen lassen.

2 Auf einer bemehlten Arbeitsfläche
ausrollen und in die gefettete
Form legen. Zwieback zerbröseln und
mit der zerlassenen Butter und Zucker
mischen, auf dem Boden verteilen.

3 Die Aprikosen mit kochendem
Wasser übergießen und 1 Minute
ziehen lassen. Die Früchte häuten,
halbieren und den Stein entfernen.
Dicht an dicht auf den Boden legen.

4 Im vorgeheizten Ofen bei 200 °C
(Umluft 180 °C) auf der unteren
Schiene etwa 30 Minuten backen. Die
Aprikosenmarmelade erwärmen und
auf dem warmen Kuchen verteilen. Die
Mandelblättchen rösten und darüber-
streuen, mit Puderzucker bestäuben.

TIPP

Die Mandel-
blättchen rösten
Sie am besten in
einer beschichteten
Pfanne ohne Fett.
Sie sind fertig,
wenn Sie zu duften
beginnen und
goldbraun sind.

Ricotta-Rhabarberkuchen

Zutaten für 1 rechteckige Form oder
1 Springform (26 cm Ø)
Ergibt 12 Stücke

Für den Teig: 125 g Butter oder
Margarine • 125 g Zucker • 1 Prise Salz
2 Eier • 200 g Mehl • 50 g fein gehackte
Kürbiskerne • ½ Päckchen Backpulver
6 EL Milch
Für den Belag: 500 g Rhabarber
200 g Ricotta • 3 Eier • 2 EL Milch
40 g Zucker • 2 TL Speisestärke
Außerdem: 1–2 EL Puderzucker

1 Fett mit Zucker und Salz in
eine Schüssel geben. Mit den

Quirlen des Handrührers schlagen,
bis der Zucker sich aufgelöst hat und
die Mischung hell und cremig geworden ist.

2 Eier nach und nach unterrühren.
Mehl mit Kürbiskernen und Backpulver mischen und zufügen. Milch
zugeben und alles kurz zu einem glatten Teig verrühren.

3 Die Backform fetten und den
Teig darin verstreichen. Rhabarber putzen, in etwa 2 Zentimeter
lange Stücke schneiden und auf dem
Teig verteilen. Im vorgeheizten Back-

TIPP

Rhabarber sollte
rasch verbraucht
werden. Frisch
geerntet hält er
sich in ein feuchtes
Tuch gewickelt
im Gemüsefach
des Kühlschranks
zwei Tage.

ofen bei 200 °C (Umluft 180 °C) etwa 15 Minuten vorbacken.

4 Ricotta, Eier, Milch, Zucker und Stärke verrühren und gleichmäßig auf dem Kuchen verteilen.

5 Anschließend den Kuchen noch etwa 20 Minuten bei gleicher Backofentemperatur weiterbacken, bis der Guss schnittfest ist. Zum Schluss dick mit Puderzucker bestäuben und servieren.

Stracciatella-Erdbeertorte

→ Foto

Zutaten für 1 Obstbodenform
(26 cm Ø)
Ergibt 12 Stücke

Für den Boden: 30 g Butter • 3 Eier
1 Prise Salz • 70 g Zucker
1 Päckchen Vanillezucker • 75 g Mehl
1 Msp. Backpulver
Für den Belag: 250 g Mascarpone
2 EL Orangenlikör • 1 EL Zucker
40 g Schokoladenraspel • 700 g Erdbeeren • 1 Päckchen roter Tortenguss
4 EL Mandelblättchen

1 Die Butter in einem kleinen Topf schmelzen und etwas abkühlen lassen. Die Eier trennen. Eiweiß mit Salz zu steifem Schnee schlagen.

2 Eigelb mit Zucker, Vanillezucker und 3 Esslöffel warmem Wasser in der Küchenmaschine oder mit den Rührbesen des Handrührers zu einer hellen, dickschaumigen Creme schlagen.

3 Den Eischnee auf die Eiercreme geben, Mehl und Backpulver darübersieben und alles mit einem Spatel gut unterheben.

4 Den Teig in die gefettete und bemehlte Obstbodenform füllen und im vorgeheizten Backofen bei 180 °C (Umluft 160 °C) 15 bis 20 Minuten backen.

5 Den Boden einige Minuten abkühlen lassen, dann aus der Form auf ein Kuchengitter stürzen und vollständig auskühlen lassen.

6 Mascarpone mit Orangenlikör, Zucker und Schokoladenraspeln verrühren und auf den Boden streichen. Dabei auch ein wenig Creme an den äußeren Rand streichen.

7 Die Erdbeeren waschen und putzen. Kleine Früchte ganz lassen, größere halbieren oder vierteln. Die Erdbeeren auf der Creme verteilen.

8 Den Tortenguss mit ¼ Liter Wasser nach Packungsanweisung zubereiten und esslöffelweise auf den Erdbeeren verteilen.

9 Mandelblättchen in einer Pfanne ohne Fett rösten, bis sie goldbraun sind, etwas abkühlen lassen und an den Tortenrand drücken.

VARIANTE

Johannisbeer-Mascarpone-Omeletts

Den Teig wie oben zubereiten (Schritt 1 bis 3). Teig in einen Spritzbeutel ohne Tülle füllen und 8 Kreise auf ein Blech mit Backpapier spritzen. Im vorgeheizten Backofen bei 180 °C (Umluft 160 °C) 10 bis 15 Minuten backen. Die Omeletts noch warm überklappen. Die Füllung wie oben zubereiten (Schritt 6), dabei jedoch zusätzlich 200 Milliliter geschlagene Sahne unter den Mascarpone heben und 400 Gramm Johannisbeeren untermischen. Omeletts füllen und mit Puderzucker bestäubt servieren.

TIPP

Den Orangenlikör können Sie jederzeit durch Orangensaft ersetzen, beispielsweise wenn Kinder mitessen.

TIPP

Erdbeeren gewinnen durch die Zugabe von etwas Säure noch mehr an Aroma. Mit etwas Zitronen- oder Orangensaft werden die süßen Früchtchen noch köstlicher.

Knuspertorte mit Himbeerquark

→ Foto

Zutaten für 1 Springform (26 cm Ø)
Ergibt 12 Stücke

TIPP

Blätterteig wird
schnell pappig. Die
Torte daher erst
direkt vor dem
Servieren mit der
Creme füllen. Den
Tortenboden kön-
nen Sie aber pro-
blemlos schon am
Vortag backen.

Für den Boden: 6 Platten TK-Blätterteig
(je 80 g) • 1 EL brauner Zucker
Für die Füllung: 500 g Himbeeren
250 g Cremequark Vanille • 3 Päckchen
Instant-Gelatine (z. B. Gelatine fix)
60 g Zucker • 200 ml Schlagsahne

1 3 aufgetaute Teigplatten aufeinanderlegen und ausrollen. Mit
einem Springformrand einen Kreis
markieren und mit einem scharfen
Messer ausschneiden. Mit braunem
Zucker bestreuen und auf ein mit
Backpapier belegtes Blech legen. Im
vorgeheizten Backofen bei 225 °C
(Umluft 200 °C) etwa 8 bis 10 Minuten
backen.

2 Die restlichen 3 Platten ebenfalls
aufeinanderlegen und ausrollen.
Einen weiteren Kreis ausschneiden
und mit einem Messer in 12 Tortenstücke teilen. Dann wie den Boden
backen.

3 Einige schöne Himbeeren beiseitelegen, den Rest pürieren.
Cremequark, Himbeerpüree und
Instant-Gelatine etwa 1 Minute gründlich verrühren, dann den Zucker unterrühren. Die Sahne steif schlagen und
unterheben.

4 Den Tortenboden auf eine Ser-
vierplatte legen und die Creme-
füllung daraufgeben. Die Blätterteig-
dreiecke darauflegen und mit den
restlichen Himbeeren verzieren.

Leichte Quarktorte mit Heidelbeeren

Zutaten für 1 Springform (24 cm Ø)
Ergibt 12 Stücke

TIPP

Wildheidelbeeren
sind sehr viel
saftiger als Kultur-
heidelbeeren,
deshalb sind sie
für diesen Kuchen
nicht geeignet.

Für den Teig: 4 Eier • 125 g Butter oder
Margarine • 125 g Zucker • 1 ½–2 TL
Süßstoff • 1 kg Magerquark • Saft und
abgeriebene Schale von 1 unbehandelten
Zitrone • 50 g Hafermehl • 1 Päckchen
Vanille-Puddingpulver • 250 g Kultur-
heidelbeeren • 20 g Mandelstifte

1 Die Springform mit Backpapier
auslegen, den Rand fetten. Eier

trennen, Eiweiß zu steifem Schnee
aufschlagen und kalt stellen.

2 Fett, Zucker und Süßstoff schaumig schlagen. Das Eigelb nach
und nach zugeben. Quark, Zitronensaft und -schale, Hafermehl (bis auf
1 Esslöffel) und das Puddingpulver
unterrühren.

3 Die Heidelbeeren mit dem restlichen Hafermehl mischen. Dann
zusammen mit dem Eischnee unter

den Teig heben und in die Springform geben. Mit Mandeln bestreuen.

4 Im vorgeheizten Backofen bei 175 °C (Umluft 150 °C) 60 bis 70 Minuten backen.

5 Nach dem Backen den Kuchen mit einem spitzen Messer vom Springformrand lösen und in der Form auskühlen lassen. Erst wenn der Kuchen richtig ausgekühlt ist, den Rand der Springform entfernen.

Heidelbeer-Eierschecke → Foto

Zutaten für 1 Backblech (30 x 40 cm)
Ergibt 20 Stücke

Für den Teig: ½ Würfel Hefe
60 g Zucker • ⅛ l Milch • 375 g Mehl
1 Prise Salz • 2 Eier • 3 EL geschmacksneutrales Öl
Für den Belag: 800 g Heidelbeeren
120 g Butter • 100 g Zucker • 1 Päckchen
Vanillezucker • 6 Eier • 500 g Buttermilchquark • 2 EL Speisestärke • 1 Prise Salz

1 Die Hefe zerbröckeln und mit 1
Teelöffel Zucker in der lauwarmen
Milch auflösen. Zugedeckt an einem
warmen Ort 10 Minuten gehen lassen.

2 Das Mehl mit dem restlichen
Zucker, Salz, Eiern, Öl und der
Hefemilch zu einem glatten, weichen
Teig verkneten. Zugedeckt zur doppel-
ten Größe aufgehen lassen.

3 Die Heidelbeeren waschen und
gut abtropfen lassen. Butter,
Zucker und Vanillezucker cremig rühren. Die Eier trennen. Eigelbe nacheinander zugeben und vollständig
unterrühren.

4 Quark und Speisestärke ebenfalls
unterrühren. Das Eiweiß mit Salz
steif schlagen und vorsichtig unter die
Quarkmasse ziehen.

5 Teig auf einer bemehlten Arbeitsfläche gut durchkneten. Auf
einem mit Backpapier belegten Backblech ausrollen. Mit der Quarkmasse
bestreichen und die Heidelbeeren
darauf verteilen.

6 Im vorgeheizten Backofen bei
180 °C (Umluft 160 °C) etwa
40 Minuten backen.

TIPP

Statt Butter-
milchquark können
Sie auch ganz
einfach Mager-
quark verwenden.

Brombeerkuchen

Zutaten für 1 Backblech (30 x 40 cm)
Ergibt 16 bis 20 Stücke

Für den Teig: 1 Päckchen Trockenhefe
60 g Zucker • ⅛ l Milch • 375 g Mehl
1 Prise Salz • 2 Eier • 50 g Butter oder
Margarine
Für den Belag: 750 g Brombeeren
75 g Butter oder Margarine • 125 g Zucker
3 Eier • 300 g Quark (40 %) • 1 gehäufter
EL heller Saucenbinder • 30 g Kürbiskerne
30 g Mandelstifte

1 Hefe und 1 Teelöffel Zucker in
lauwarmer Milch auflösen. Mehl
mit restlichem Zucker, Salz, Eiern und
zerlassenem Fett in eine Schüssel
geben. Mit der Hefemilch verkneten,
bis sich der Teig vom Schüsselrand
löst. Zugedeckt an einen warmen Ort
stellen und zur doppelten Größe aufgehen lassen.

2 Die Beeren putzen, waschen und
gut abtropfen lassen. Hefeteig
auf einer bemehlten Arbeitsfläche ausrollen und ein gefettetes Backblech
damit auslegen. Fett mit Zucker
schaumig rühren. Eier, Quark und
Saucenbinder zufügen und unter-

TIPP

Statt frischer Brom-
beeren können Sie
auch auf Tiefkühl-
ware zurückgreifen.
Die Früchte nach
dem Auftauen gut
abtropfen lassen.

rühren. Erst die Früchte, dann die
Quarkmischung auf den Teig geben
und glatt streichen. Dann mindestens
15 Minuten gehen lassen.

3 Kürbiskerne und Mandeln darüberstreuen. Im vorgeheizten
Backofen bei 200 °C (Umluft 180 °C)
etwa 30 Minuten backen.

Donauwelle mit Quarkfüllung

→ Foto

Zutaten für 1 Backblech (30 x 40 cm)
Ergibt 20 Stücke

TIPP

In der Weihnachts-
zeit können Sie
den Zimt durch
Lebkuchengewürz
ersetzen. Statt
frischer Sauerkir-
schen können Sie
auch zwei große
Gläser abgetropfte
Schattenmorellen
verwenden.

Für den Teig: 250 g Butter • 250 g Zucker
1 Prise Salz • 4 Eier • 350 g Mehl • 150 g
Dinkelmehl • 1 Päckchen Backpulver
200 ml Milch • 3 EL Kakaopulver • 2 TL
Zimt • 1 ½ kg entsteinte Sauerkirschen
Für den Belag: 500 g Quark (20 %)
80 g Zucker • 3 EL Kirschwasser • ¼ l
Schlagsahne • 2 Päckchen Sahnefestiger
200 g geraspelte Zartbitterschokolade

1 Butter, Zucker und Salz schaumig
schlagen. Eier unterrühren. Mehl
und Backpulver mischen und darübersieben. 150 Milliliter Milch zugeben
und alles kurz gründlich durchrühren.

2 Den Teig teilen, unter die eine
Hälfte Kakao, Zimt und die restliche Milch rühren. Ein tiefes Backblech
einfetten, den dunklen Teig darauf verteilen und glatt streichen, dann den
hellen Teig darüberstreichen. Mit den
Sauerkirschen belegen.

3 Im vorgeheizten Backofen bei
180 °C (Umluft 160 °C) etwa
35 Minuten backen, auskühlen lassen.

4 Quark mit Zucker und Kirschwasser verrühren, bis sich der Zucker
aufgelöst hat. Die Sahne mit Sahnefestiger steif schlagen und unterheben. Creme auf den Kuchen streichen,
mit Schokoraspeln bestreut servieren.

Schokoladen-Sauerkirschtorte

Zutaten für 1 Tarteform (24 cm Ø)
Ergibt 12 Stücke

TIPP

Sehr lecker zu
dieser Torte
schmeckt Schlag-
sahne, die Sie mit
einem Schuss
Kirschwasser
abschmecken.

Für den Teig: 250 g Mehl • 1 TL Kakaopulver • 125 g Butter oder Margarine
70 g brauner Zucker
Für den Belag: 1–2 EL Kokosraspel
300 g entsteinte Sauerkirschen • 200 g
Speisequark (40 %) • 1 EL Kakaopulver
3 Eier • 3 EL Zucker • 100 ml Schlagsahne
40 g Borkenschokolade

1 Mehl mit Kakao mischen. Fett
daraufgeben. Zucker zufügen,
alles verrühren. Verkneten, kalt stellen.

2 Teig zwischen zwei Lagen Frischhaltefolie ausrollen und die gefettete Form damit auskleiden. Kokosraspel aufstreuen und andrücken.
Sauerkirschen darüber verteilen.
Quark mit Kakao, Eiern und Zucker
verrühren und darübergeben.

3 Im vorgeheizten Backofen bei
180–200 °C (Umluft 160–180 °C)
etwa 40 Minuten backen. Abkühlen
lassen. Sahne steif schlagen. Die Borkenschokolade grob raspeln und die
Tortenstücke mit Sahne und Schokolade garnieren.

Beerentraum-Kuchen

→ Foto

Zutaten für 1 Backblech (30 x 40 cm)
Ergibt 20 Stücke

Für den Teig: 100 g weiße Schokolade
250 g Butter • 100 g Zucker • 1 Prise Salz
6 Eier • 200 g Mehl • 50 g Speisestärke
½ Päckchen Backpulver
Für den Belag: ¼ l Schlagsahne
2 Päckchen Instant-Gelatine (z. B. Gelatine fix) • 250 g Quark (20 %) • 2 Päckchen
Vanillezucker • 600 g Himbeer-Milchreis
(Fertigware)
Außerdem: 600 g Beeren der Saison
50 g weiße Schokolade • Einige Minzeblättchen

TIPP

Für diesen Kuchen
eignen sich Erdbeeren, Himbeeren,
rote und schwarze
Johannisbeeren,
Stachelbeeren,
Heidelbeeren oder
Brombeeren.

1 Die Schokolade im heißen Wasserbad schmelzen und etwas abkühlen lassen. Butter, Zucker und Salz schaumig schlagen. Die Eier trennen. Die Eigelbe einzeln zugeben und gut unterrühren.

2 Mehl, Speisestärke und Backpulver mischen, sieben und mit der geschmolzenen Schokolade unter den Teig rühren. Das Eiweiß sehr steif schlagen und unterheben.

3 Blech mit Backpapier belegen, den Teig daraufgeben und glatt streichen. Im vorgeheizten Backofen bei 180 °C (Umluft 160 °C) 30 Minuten backen. Auskühlen lassen.

4 Die Sahne kurz aufschlagen, Instant-Gelatine zugeben und steif schlagen. Quark mit Vanillezucker und Milchreis gut verrühren, Sahne unterheben. Die Quarkmasse auf dem Boden glatt streichen.

5 Beeren auf dem Kuchen verteilen. Schokolade darüberhobeln, mit Minzeblättchen garnieren.

Beeren-Quarkkuchen

Zutaten für 1 Springform (26 cm Ø)
Ergibt 12 Stücke

Für die Quarkmasse: 200 g Butter oder
Margarine • 275 g Zucker • 4 Eier
1 kg Magerquark • 1 Päckchen Vanille-Puddingpulver • 2 EL Grieß • Je 350 g
Stachelbeeren und Johannisbeeren

TIPP

Das Fett und
den Zucker sollten
Sie so lange schlagen, bis sich der
Zucker vollständig
aufgelöst hat.

1 Fett und Zucker aufschlagen. Nach und nach die Eier, Quark, Puddingpulver und Grieß unterrühren.

2 Den Boden der Springform mit Backpapier auslegen, den Rand fetten. Die Hälfte der Quarkmasse in die Springform füllen. Die Hälfte der Beeren daraufgeben und mit dem restlichen Quark bedecken. Restliche Beeren auf der Oberfläche verteilen.

3 Im vorgeheizten Backofen bei 175 °C (Umluft 150 °C) 90 bis 100 Minuten backen. Nach etwa 1 Stunde Backzeit mit Pergamentpapier abdecken, damit die Oberfläche nicht zu dunkel wird. Kuchen in der Form kurz abkühlen lassen, erst dann mit einem Messer vorsichtig vom Springformrand lösen.

Orangen-Quarktorte

→ Foto

Zutaten für 1 Springform (26 cm Ø)
Ergibt 12 Stücke

Für den Boden: ½ Würfel Hefe (oder
1 Päckchen Trockenhefe) • ¼ l fettarme
Milch • 40 g Zucker • 500 g Mehl
1 Prise Salz • 100 g Butter
Für die Füllung: 100 g Butter oder
Margarine • 125 g Zucker • 3 Eier
500 g Magerquark • 250 g Hüttenkäse
2 Päckchen Sahne-Puddingpulver
Abgeriebene Schale von 1 unbehandelten Orange • 5 EL Orangensaft
100 g Orangeat
Für den Guss: 100 ml Schlagsahne
300 g Kuvertüre • 75 g Kokosfett
2 EL Orangenlikör

1 Hefe in der lauwarmen Milch auflösen, 1 kräftige Prise Zucker
unterrühren und die Mischung stehen
lassen, bis sie schön schaumig aufgegangen ist.

2 Das Mehl in eine Schüssel geben.
Den restlichen Zucker, Salz,
Butter und die Hefemilch zugeben
und den Teig mit den Knethaken
des Handrührers zu einem glatten
Teig verkneten.

3 Den Teig mit Frischhaltefolie
bedeckt an einem warmen Ort
stehen lassen, bis er etwa auf die
doppelte Größe aufgegangen ist.

4 Fett und Zucker schaumig rühren, bis sich der Zucker aufgelöst
hat. Nach und nach die Eier, Quark,
Hüttenkäse und das Puddingpulver
unterrühren. Die abgeriebene Orangenschale, Orangensaft und das fein
gehackte Orangeat unterheben.

5 Den Teig auf einer bemehlten
Arbeitsfläche ausrollen und in die
gefettete Springform legen. Dabei
einen Rand hochziehen. Die Quarkmasse einfüllen.

6 Im vorgeheizten Backofen bei
175 °C (Umluft 160 °C) 40 bis
50 Minuten backen. Gerät die Oberfläche zu dunkel, die Torte mit Alufolie
abdecken.

7 Nach Ende der Backzeit 30
Minuten in der Form abkühlen
lassen, dann aus der Form lösen und
auf einem Kuchengitter vollständig
auskühlen lassen.

8 Die Sahne in einem kleinen Topf
erwärmen, Kuvertüre und Kokosfett darin unter Rühren schmelzen,
den Orangenlikör zugeben.

9 Die Masse vom Herd nehmen,
etwas abkühlen lassen und auf
der erkalteten Quarktorte verteilen.
Bis zum Servieren kühl stellen.

VARIANTE

Mandarinen-Quarktorte

Den Teig wie beschrieben zubereiten
(Schritt 1 bis 3, 5). Für die Quarkfüllung statt Orangenschale, -saft
und Orangeat 1 Dose abgetropfte
Mandarinen (175 g Abtropfgewicht),
5 Esslöffel von dem aufgefangenen
Saft und 1 Päckchen Zitronenschalen-
aroma unterrühren. Den Kuchen wie
beschrieben backen (Schritt 7) und
mit Puderzucker bestreut servieren.

TIPP

Hefeteig kann man
übrigens in den
meisten Brotback-
maschinen zuberei-
ten und gehen las-
sen; dann aber wie
von den Geräteher-
stellern vorgeschrie-
ben Trockenhefe
benutzen.

TIPP

Wenn Sie auf
Alkohol lieber ver-
zichten möchten,
können Sie für den
Guss statt Orangen-
likör natürlich auch
einfach Orangensaft
verwenden.

Kirschkuchen mit Rotweincreme

→ Foto

Zutaten für 1 Backblech (30 x 40 cm)
Ergibt 20 Stücke

Für den Boden: 200 ml Schlagsahne
200 g Zucker • 1 Prise Salz • 1 Päckchen
Vanillezucker • 4 Eier • 150 g Mehl
1 Päckchen Backpulver • 100 g gemahlene Haselnüsse
Für den Belag: 2 Gläser Sauerkirschen
(je 370 g Abtropfgewicht) • 1 Päckchen Rotweincreme (Dr. Oetker)
250 g Magerquark
Für den Guss: 1 Päckchen roter Tortenguss • 40 g Zucker • 100 ml Rotwein
1 Päckchen Schoko-Dekor-Creme
Sahne-Vanille-Geschmack (150 g)

1 Sahne, Zucker, Salz, Vanillezucker, Eier, Mehl, Backpulver und
Haselnüsse in eine Schüssel geben
und mit den Quirlen des Handrührers
etwa 2 Minuten lang gut verrühren.

2 Den Teig auf ein mit Backpapier
belegtes Blech geben, glatt streichen und im vorgeheizten Backofen
bei 200 °C (Umluft 180 °C) 20 Minuten
backen.

3 Den Kuchen kurz abkühlen lassen, dann den Boden mit dem
Backpapier auf ein Kuchengitter ziehen und vollständig auskühlen lassen.

4 Die Sauerkirschen auf einem
Sieb gut abtropfen lassen, dabei
150 Milliliter Saft auffangen und beisei-
testellen.

5 Den Rotwein aus der Rotwein-
Creme-Packung und 75 Milliliter

→ Foto

Wasser in eine Schüssel füllen. Das
Cremepulver zugeben und nach
Packungsanweisung kurz verrühren,
dann mit den Quirlen auf höchster
Stufe 2 Minuten aufschlagen. Den
Quark unterrühren.

6 Die Kirschen auf dem Kuchenboden verteilen, den Rotwein-
quark darüberstreichen.

7 Den Tortenguss mit Zucker, Rotwein und dem abgemessenen
Kirschsaft nach Packungsanweisung
zubereiten und von der Mitte her über
dem Quark verteilen.

8 Erst wenn der Tortenguss fest
geworden ist, mit der Schoko-
Dekor-Creme Wellenlinien aufspritzen.

VARIANTE

Traubentorteletts

Den Teig wie oben zubereiten (Schritt
1), in 12 gefettete Tortelettformen
(10 Zentimeter Durchmesser) füllen
und im vorgeheizten Backofen
bei 200 °C (Umluft 180 °C) 12 bis
15 Minuten backen. Abkühlen lassen.
Den Belag wie beschrieben zubereiten
(Schritt 5), dabei jedoch 1 Päckchen
Weißweincreme verwenden. Mit je
200 Gramm halbierten roten und
weißen Weintrauben belegen. 1 Päckchen weißen Tortenguss mit ¼ Liter
Traubensaft nach Packungsanweisung
zubereiten und mit einem Esslöffel
über den Trauben verteilen.

Mascarpone-Orangenkuchen

→ Foto

Zutaten für 1 Backblech (30 x 40 cm)
Ergibt 16 Stücke

Für den Teig: 250 g Magerquark
150 g Zucker • 1 Prise Salz • 2 Eier
⅛ l geschmacksneutrales Öl (z. B. Rapsöl,
Keimöl) • 500 g Mehl • 1 Päckchen Backpulver • Hülsenfrüchte zum Blindbacken
Für die Füllung: 5 Blatt weiße Gelatine
400 g Mascarpone • 200 g Schmant
80 g Zucker • 9 Orangen, davon 1 unbehandelte Frucht
Außerdem: 1 Päckchen dunkle
Kuchenglasur • Einige kandierte Früchte

TIPP

Kuvertüre wird
besonders glanzvoll,
wenn sie nach dem
Abkühlen ein weite-
res Mal geschmol-
zen wird. Achten Sie
aber darauf, dass sie
nicht zu heiß wird,
sonst können sich
Krümel bilden.

1 Den Quark 15 Minuten in einem Haarsieb abtropfen lassen. Quark mit Zucker, Salz, Eiern, Öl, Mehl und Backpulver mit den Knethaken des Handrührers zu einem geschmeidigen Teig verkneten und anschließend 30 Minuten ruhen lassen.

2 Den Teig teilen, eine Hälfte auf einer bemehlten Arbeitsfläche ausrollen und auf das mit Backpapier belegte Blech legen. Mit Backpapier abdecken und mit Hülsenfrüchten bestreuen.

3 Im vorgeheizten Backofen bei 175 °C (Umluft 150 °C) etwa 15 Minuten backen. Mit der anderen Teig-hälfte ebenso verfahren. Backpapier und Hülsenfrüchte entfernen, beide Hälften abkühlen lassen.

4 Die Gelatine in etwas kaltem Wasser einweichen. Mascarpone und Schmant mit dem Zucker cremig rühren, bis der Zucker aufgelöst ist.

5 Die Schale der unbehandelten Orange dünn abschälen und bei-seitelegen. Die Orange auspressen, den Saft erhitzen und die Gelatine darin auflösen. Die Mischung rasch unter die Mascarponecreme ziehen.

6 Die restlichen Orangen dick schälen und die Filets heraus-schneiden. Die Mascarponecreme auf eine Teigplatte streichen und die Orangenfilets darauf verteilen. Mit der zweiten Teigplatte abdecken.

7 Die Orangenschale in feine Strei-fen schneiden. Die Kuchenglasur im Wasserbad schmelzen, etwas abkühlen lassen und den Kuchen damit bestreichen. Mit Orangenschale und kandierten Früchten verzieren.

VARIANTE

Aprikosenschnecken

Den Teig zubereiten (Schritt 1) und auf einer bemehlten Fläche zu einem Rechteck von 35 mal 40 Zentimeter ausrollen. 1 Päckchen backfeste Pud-dingcreme mit 250 Milliliter Milch zubereiten. 100 Gramm getrocknete Aprikosen würfeln und unterheben. Auf dem Teig verteilen, von der Längs-seite her aufrollen. In 12 Scheiben schneiden, auf ein mit Backpapier belegtes Blech legen. Im vorgeheizten Backofen bei 180 °C (Umluft 160 °C) 20 Minuten backen. 60 Gramm Puderzucker und 2 Esslöffel Zitronen-saft verrühren und darauf verteilen.

Aprikosen-Erdnusskuchen

→ Foto

→ Foto

Zutaten für 1 Backblech (30 x 40 cm)
Ergibt 20 Stücke

Für den Teig: 100 g Erdnüsse (unge-salzen) • 200 g Butter • 175 g Zucker
4 Eier • 150 g Mehl • 100 g Speisestärke
1 Päckchen Backpulver
Für den Belag: 2 große Dosen
Aprikosenhälften • 600 g Doppelrahm-Frischkäse • 300 g Vollmilchjoghurt
50 g Zucker • 1 Päckchen weißen
Tortenguss
Für die Glasur: 250 g Bitterschokolade
mit Kakaosplittern • 2 EL geschmacks-neutrales Öl (z. B. Rapsöl, Keimöl)

1 Die Erdnüsse im Blitzhacker fein mahlen, die Butter schmelzen und etwas abkühlen lassen. Nüsse, Butter, Zucker, Eier, Mehl, Stärke und Backpulver in eine Schüssel füllen.

2 Mit den Quirlen des Handrührers zuerst auf niedriger Stufe verrüh-ren, dann auf höchster Stufe zu einem glatten Teig verquirlen.

3 Das Backblech mit Backpapier belegen, den Teig darauf verteilen und glatt streichen. Im vorgeheizten Backofen bei 180 °C (Umluft 160 °C) etwa 20 Minuten backen. Den Kuchen anschließend vollständig auskühlen lassen.

4 Die Aprikosen in einem Sieb gut abtropfen lassen, dabei 100 Milli-liter Saft auffangen. Frischkäse und Joghurt glatt rühren. Den Aprikosen-saft mit Zucker in einem kleinen Topf verrühren und erhitzen.

5 Tortengusspulver mit 100 Milliliter Wasser glatt rühren, zur Saft-mischung geben und unter Rühren einmal aufkochen. Diese Mischung schnell unter die Frischkäsecreme rüh-ren.

6 Aprikosenhälften auf dem Torten-boden verteilen, die Frischkäse-creme darüberstreichen. Den Kuchen mindestens 3 Stunden kalt stellen, bis die Creme schnittfest ist.

7 Die Bitterschokolade grob zer-kleinern und im Wasserbad schmelzen. Das Öl unterrühren, dann die Glasur etwas abkühlen lassen. Die Schokoladenglasur auf der Frisch-käsecreme verteilen und den Kuchen kühl stellen, bis die Schokoladen-schicht fest ist.

VARIANTE

Erdnussmuffins

Den Teig zubereiten (Schritt 1 bis 2) und in die gefettete Muffinform (für 12 Muffins) füllen. Im vorgeheizten Backofen bei 180 °C (Umluft 160 °C) 20 Minuten backen, dann vollständig auskühlen lassen. 250 Gramm Mager-quark mit 2 zerdrückten Bananen, dem Saft von 1 Zitrone und 3 Ess-löffel Zucker verrühren. 100 Milliliter Sahne steif schlagen und mit dem Schneebesen unterheben. Muffins waagerecht halbieren und mit dem Bananenquark füllen. Dann wieder zusammensetzen.

TIPP

Schneiden Sie den Kuchen am besten schon in Stücke, bevor sich die Glasur verfestigt hat, da sie sonst leicht zerbricht.

TIPP

Sie können als Dekoration einen dicken Tupfen Sahne auf den Kuchen setzen oder mit weißer Kuver-türe ein Muster auf den Belag spritzen.

Mascarponetorte mit Schattenmorellen

→ Foto

Zutaten für 1 Springform (26 cm Ø)
Ergibt 12 Stücke

Für den Teig: 250 g Butter oder Margarine • 100 g Zucker • 1 Prise Salz 6 Eier • 100 g weiße Schokolade 250 g Mehl • 2 gestrichene TL Backpulver 50 g Raspelschokolade
Für die Füllung: 300 g Mascarpone 2 Eigelbe • 75 g Zucker 2 EL Kirschwasser • 150 g Sauerkirsch- konfitüre • 1 Glas Sauerkirschen (370 g Abtropfgewicht) **Außerdem:** ¼ l Schlagsahne 1 Päckchen Vanillezucker • 25 g dunkle Borkenschokolade

1 Fett, Zucker und Salz mit den Quirlen des Handrührers schlagen, bis sich der Zucker aufgelöst hat. Eier trennen. Eigelb nach und nach dazugeben und schaumig schlagen.

2 Die Schokolade im Wasserbad schmelzen. Mehl und Backpulver mischen, zur Fett-Ei-Mischung sieben und unterrühren. Geschmolzene Schokolade und die Raspelschokolade ebenfalls unterrühren. Eiweiß zu Schnee schlagen und unterziehen.

3 Form mit Backpapier auslegen, den Rand fetten. Den Teig einfüllen und im vorgeheizten Backofen bei 175–200 °C (Umluft 180 °C) 45 bis 50 Minuten backen. Auf ein Kuchengitter legen und auskühlen lassen.

4 Inzwischen Mascarpone, Eigelbe, Zucker und Kirschwasser cremig rühren. Den Tortenboden einmal durchschneiden. Konfitüre mit etwas Wasser bei milder Hitze erwärmen und glatt rühren, wenn nötig mit dem Schneidstab pürieren.

5 Die Hälfte der Konfitüre auf einen Boden streichen. Die Mascarponecreme darauf verteilen. Die Sauerkirschen gut abtropfen lassen. 12 schöne Früchte für die Garnitur beiseitelegen. Die restlichen Kirschen auf der Creme verteilen.

6 Den zweiten Boden darauflegen, mit der restlichen Konfitüre bestreichen. Sahne mit dem Vanillezucker steif schlagen. In einen Spritzbeutel mit Sterntülle geben und die Torte damit garnieren. Mit den restlichen Kirschen verzieren und die Schokoladenraspel darüberstreuen.

VARIANTE

Mango-Mascarpone-Schnitten

Die halbe Menge Teig zubereiten (Schritt 1 bis 2) und in eine gefettete und gemehlte Form (24 mal 24 Zentimeter) füllen. Im vorgeheizten Backofen bei 180 °C (Umluft 160 °C) 20 Minuten backen, abkühlen lassen. Die Creme zubereiten (Schritt 4), dabei statt Kirschwasser 2 Esslöffel weißen Rum verwenden. Mango schälen, würfeln und unter die Creme heben. Auf dem Boden verteilen und 3 Stunden kalt stellen. Mit 30 Gramm gehackten Pistazien bestreuen.

Quarktorte mit Ahornsirup

→ Foto

Zutaten für 1 Springform (26 cm Ø)
Ergibt 12 Stücke

Für den Teig: 200 g Mehl • 75 g Zucker
1 Prise Salz • 1 Prise Backpulver
100 g Butter oder Margarine • 1 Ei
2 EL Schmant
Für den Belag: 7 Blatt weiße Gelatine
500 g Speisequark (20 %) • 3–4 EL Ahornsirup • 3 EL Zitronensaft • 2 EL Zucker
¼ l Schlagsahne
Außerdem: 3 Blatt weiße Gelatine
3 Maracujafrüchte • 1–2 EL Zucker
2 Tamarillos • Einige Blättchen
Zitronenmelisse

TIPP

Die Tamarillo,
auch Baumtomate
genannt, ist eine
kleine eiförmige
Frucht mit gelber
oder roter Schale,
die im Geschmack
tatsächlich ein
wenig an die
Tomate erinnert.
Da die Schale
sehr bitter ist,
werden Tamarillos
immer nur ge-
schält verzehrt.

1 Für den Teig Mehl, Zucker, Salz, Backpulver, Fett, Ei und Schmant zu einem glatten Teig verkneten und zu einer Kugel formen. In Frischhaltefolie wickeln und mindestens 30 Minuten kalt stellen.

2 Den Teig auf einer bemehlten Arbeitsfläche ausrollen und den Boden der gefetteten Springform damit auslegen. Mit einer Gabel mehrmals einstechen und im vorgeheizten Backofen bei 200 °C (Umluft 180 °C) etwa 15 Minuten backen. Auskühlen lassen.

3 Gelatine einweichen. Quark, Ahornsirup und Zitronensaft verrühren. Mit Zucker abschmecken. Gelatine ausdrücken, auflösen, einen Löffel von der Quarkcreme unterrühren.

4 Den Gelatinemix zur restlichen Quarkcreme geben und unter-

rühren. Kalt stellen. Sobald die Creme zu gelieren beginnt, Sahne steif schlagen und unterheben. Den Springformrand um den Boden legen und die Creme daraufstreichen. Kalt stellen.

5 Restliche Gelatine einweichen. Maracujafrüchte halbieren, Fruchtfleisch herauskratzen und durch ein Sieb streichen. Mit Wasser auf ¼ Liter Flüssigkeit auffüllen. 1 bis 2 Teelöffel der Kerne zum Saft geben und mit dem restlichen Zucker abschmecken.

6 Gelatine ausdrücken, auflösen, den Maracujasaft dazugießen und glatt rühren. Abkühlen lassen und auf die Torte geben. Tamarillos schälen, in Spalten schneiden und dekorativ auf der Torte verteilen. Mit Melisse garnieren.

VARIANTE

Preiselbeer-Quarktorte

Den Teig wie beschrieben zubereiten, backen und abkühlen lassen (Schritt 1 bis 2). Den Belag wie beschrieben zubereiten (Schritt 3 bis 4), jedoch ohne Ahornsirup, mit 8 Blatt Gelatine und 250 Gramm Preiselbeerkonfitüre, die unter die Quarkcreme gehoben wird. Die Creme auf den Tortenboden geben. 2 Blatt Gelatine einweichen und in 200 Gramm erwärmter Preiselbeerkonfitüre auflösen. Auf die Quarkcreme streichen und mindestens 3 Stunden kalt stellen.

Aprikosen-Käsetorte mit Blätterdekor

→ Foto

Zutaten für 1 Pieform (26 cm Ø)
Ergibt 12 Stücke

Für den Teig: 250 g Mehl • 1 EL Zucker • 1 TL abgeriebene Schale von 1 unbehandelten Zitrone • 1 Prise Salz 150 g Butter oder Margarine • 4–6 EL sehr kaltes Wasser
Für die Füllung: 2 Dosen Aprikosenhälften (je 850 ml) • 1 EL Speisestärke 1 EL gemahlene Mandeln • 5 Eier 125 g Zucker • 2 EL Zitronensaft 200 g Doppelrahm-Frischkäse

TIPP

Wenn Sie eine Zitrone vor dem Auspressen kräftig hin und her rollen, gewinnen Sie mehr Saft. Sie können die Frucht auch kurz in heißes Wasser legen oder in den warmen Backofen.

1 Mehl, Zucker, abgeriebene Zitronenschale und Salz in einer Schüssel mischen. Kaltes Fett in kirschgroßen Stückchen darauf verteilen. Wasser über die Zutaten sprenkeln und mit einer Gabel vermischen.

2 Den Teig mit den Händen zusammendrücken und zu einer Kugel formen. In Frischhaltefolie wickeln und mindestens 30 Minuten kalt stellen.

TIPP

Auch bei der Variante legen Sie am besten vor Ende der Backzeit Alufolie über den Teig, damit das Teiggitter nicht zu braun wird.

3 Die Aprikosenhälften abtropfen lassen und pürieren. Speisestärke und Mandeln unter das Fruchtpüree mischen. Eier, Zucker, Zitronensaft und Frischkäse zufügen und alles gründlich verrühren.

4 Von dem Teig etwas für die Dekoration (Blätter und Ranken) zurückbehalten, den Rest ½ Zentimeter dick zwischen zwei Lagen Frischhaltefolie ausrollen und eine gefettete Pieform damit auslegen. Dabei einen 2 bis 3 Zentimeter hohen Rand für die Füllung formen.

5 Den restlichen Teig dünn ausrollen und einige Blätter zurechtschneiden. Das gelingt am besten so: Mit einem Messer längliche Ovale ausschneiden, dann »Blattrippen« einritzen. Den Rand des Pies damit belegen. Behalten Sie aber noch etwas Teig für die Ranken zurück.

6 Die Fruchtmischung einfüllen. Aus dem übrigen Teig eine lange Ranke und weitere Blätter ausschneiden und auf die Füllung legen.

7 Den Rand des Kuchens mit Alufolie abdecken, damit die Blätter nicht zu schnell bräunen. Im vorgeheizten Backofen bei 200 °C (Umluft 180 °C) etwa 25 Minuten backen. Folie abnehmen und weitere 25 bis 30 Minuten backen.

VARIANTE

Apfel-Frischkäsekuchen

Den Teig zubereiten (Schritt 1 bis 2), jedoch mit je 125 Gramm Mehl und gemahlenen Haselnüssen. Die gefettete Form mit zwei Drittel des Teiges auslegen. Statt Aprikosen 800 Gramm Apfelmus mit Stärke, Eiern, Zucker, Zitronensaft und Frischkäse verrühren und in die Form füllen. Aus dem restlichen Teig Streifen schneiden und gitterförmig darauflegen. Im vorgeheizten Backofen bei 200 °C (Umluft 180 °C) 50 bis 60 Minuten backen. Dick mit Puderzucker bestreut servieren.

Hüttenkäsekuchen mit Kumquats

→ Foto

Zutaten für 1 Kastenform
(30 cm Länge)
Ergibt 16 Stücke

Für den Teig: 100 g Butter oder Margarine • 200 g Zucker • 1 Prise Salz
1 Päckchen Vanillezucker • 2 Tropfen Zitronenaroma • 4 Eier • 200 g Hüttenkäse
300 g Mehl • 1 Päckchen Backpulver
⅛ l Milch • 100 g Kumquats • 100 g
Orangenmarmelade • 50 g Geleefrüchte

1 Fett, Zucker, Salz, Vanillezucker und Zitronenaroma mit dem Schneebesen oder den Quirlen des Handrührers cremig rühren. Die Eier nacheinander dazugeben und schaumig schlagen.

2 Hüttenkäse zufügen. Mehl mit Backpulver mischen und zur Fett-Ei-Mischung sieben. Milch zufügen und alles kurz zu einem glatten Teig verrühren. Die Kumquats in dünne Scheiben schneiden und unter den Teig heben.

3 Die Form fetten und den Teig einfüllen. Im vorgeheizten Backofen bei 175–200 °C (Umluft 150–180 °C) etwa 60 Minuten backen.

4 Etwas abkühlen lassen. Marmelade erwärmen, mit dem Stabmixer pürieren und auf dem warmen Kuchen verteilen. Mit halbierten Geleefrüchten belegen.

TIPP

Kumquats sind kleine Miniorangen. Sie können sie jederzeit auch durch Orangeat ersetzen.

Himbeer-Mascarpone-Rolle

Zutaten für 1 Backblech (30 x 40 cm)
Ergibt 16 Stücke

Für den Teig: 4 Eier • 125 g Zucker
1 Prise Salz • 75 g Mehl • 2 EL Zucker für die Arbeitsfläche • ½ TL abgeriebene Zitronenschale
Für die Füllung: 300 g Himbeeren
400 g Mascarpone • 1–2 EL Himbeergeist
100 g Puderzucker • 150 g Himbeeren
30 g gehobelte Schokolade

1 Eier trennen. Eigelb, 4 Esslöffel Wasser und 40 Gramm Zucker dickschaumig schlagen. Eiweiß mit dem restlichen Zucker steif schlagen und auf die Eigelbcreme geben. Das

Mehl darübersieben und vorsichtig mit einem Schneebesen unterheben.

2 Die Biskuitmasse auf ein mit Backpapier belegtes Blech streichen und im vorgeheizten Backofen bei 200 °C (Umluft 180 °C) 10 bis 12 Minuten backen.

3 Zucker mit Zitronenschale mischen und auf ein Küchenhandtuch streuen. Den fertigen Boden daraufstürzen. Das oben liegende Backpapier leicht anfeuchten und vorsichtig abziehen. Den Biskuitboden mit dem Tuch aufrollen und abkühlen lassen.

TIPP

Dekorieren Sie die Rolle mit einigen Blättchen frischer Zitronenmelisse oder Pfefferminze, denn mit ihrem erfrischenden, leicht scharfen Geschmack harmonieren sie ausgezeichnet mit den säuerlichen Beeren.

4 Die Himbeeren pürieren. Mascarpone mit Himbeergeist und Puderzucker aufschlagen. Eine Hälfte der Mascarponecreme mit dem Himbeerpüree verrühren. Die Biskuitplatte wieder ausrollen und die Mascarpone-Himbeer-Creme aufstreichen.

5 Biskuit erneut mithilfe des Tuchs aufrollen und mindestens 1 Stunde kalt stellen. Die Rolle mit der restlichen Creme bestreichen und erst kurz vor dem Servieren mit den Himbeeren und der gehobelten Schokolade garnieren.

Nusstorte mit fruchtiger Quarkfüllung

→ Foto

Zutaten für 1 Springform
(20–22 cm Ø)
Ergibt 8 bis 10 Stücke

Für den Teig: 300 g Mehl • 200 g
Puderzucker • 200 g gemahlene
Haselnüsse • 1 EL Weinbrand
200 g Butter oder Margarine
Für die Füllung: 300 g Aprikosen
400 g Rote Johannisbeeren • 80 g Zucker
2 TL Speisestärke • 200 ml Schlagsahne
2 Päckchen Sahnesteif • 400 g Speisequark (40 %)

1 Für den Teig Mehl, Puderzucker,
Nüsse, Weinbrand und Fett verkneten. Den Teig mit den Händen zu
einer Kugel formen, in Frischhaltefolie
wickeln und mindestens 30 Minuten
kalt stellen.

2 Den Teig in 6 Portionen teilen
und jede Portion auf einer bemehlten Arbeitsfläche zu einem Kreis
von 20 Zentimeter Durchmesser ausrollen.

3 Die Springform mit Backpapier
auslegen. 1 bis 2 Teigplatten
darauflegen. Im vorgeheizten Backofen bei 175 °C (Umluft 150 °C) 10
bis 12 Minuten backen. Die übrigen
Teigplatten ebenso backen und auskühlen lassen.

4 Die Aprikosen häuten und das
Fruchtfleisch in Spalten schneiden. Die Johannisbeeren vorsichtig
waschen und mit Küchenpapier trocken tupfen. 150 Gramm Johannisbeeren mit einem Löffel durch ein

Sieb streichen und mit der Hälfte des
Zuckers aufkochen.

5 Die Speisestärke mit 2 Esslöffel
Wasser verrühren und ins Fruchtpüree rühren. Nochmals aufkochen,
dann auskühlen lassen.

6 Sahne mit Sahnesteif und dem
restlichen Zucker steif schlagen.
Quark unterheben. Johannisbeer-
püree unterziehen. Die Füllung in
einen Spritzbeutel mit Lochtülle füllen
und gleichmäßig auf 5 der 6 Böden
spritzen.

7 Die Böden abwechselnd mit
Aprikosen und Beeren belegen
und übereinanderschichten. Den obe-
ren Boden mit beiden Fruchtsorten
belegen.

VARIANTE

Süße Beerenpizza

Den Teig wie oben beschrieben zubereiten (Schritt 1) und zu 10 Kreisen
(je 10 Zentimeter Durchmesser) ausrollen. Wie beschrieben backen und
abkühlen lassen (Schritt 3). Für den
Belag 200 Milliliter Sahne mit 2 Esslöffel Zucker und 1 Päckchen Sahnefestiger steif schlagen und unter
250 Gramm Magerquark heben. Die
Creme auf die Böden streichen und
mit 500 Gramm Roten, Schwarzen
und Weißen Johannisbeeren bestreuen. Zum Schluss 50 Gramm
weiße Schokolade darüberhobeln.

TIPP

Zum Häuten die
Aprikosen mit
einem Schaumlöffel
ein bis zwei Minu-
ten in kochendes
Wasser tauchen und
die Haut mit einem
spitzen Messer
abziehen.

TIPP

Statt Roter Johannis-
beeren können Sie
auch die schwarze
oder weiße Sorte
verwenden.

Leichte Himbeer-Quarktorte

→ Foto

→ Foto

Zutaten für 1 quadratische Kuchenform (26 cm Seitenlänge)
Ergibt 12 Stücke

Für den Teig: 150 g Mehl • 125 g Butter
80 g Zucker • 1 Prise Salz • 1 Ei • 75 g
gemahlene Mandeln • ½ TL Backpulver
Für den Belag: Je 2 Blatt rote und
weiße Gelatine • 400 g Magerquark
150 g Zucker • 1 Prise Salz • 50 ml Zitronensaft • 1–2 EL Rum • ¼ l Schlagsahne
450 g TK-Himbeeren
Außerdem: Einige Schoko-Dekor-Blätter

1 Mehl, Butter, Zucker, Salz, Ei, 50 Gramm Mandeln und Backpulver verkneten. In Frischhaltefolie wickeln und 30 Minuten kalt stellen.

2 Die gefettete Form mit den restlichen Mandeln ausstreuen. Den Teig ausrollen, hineinlegen und einen Rand hochziehen.

3 Den Boden mehrmals mit einer Gabel einstechen und im vorgeheizten Backofen bei 200 °C (Umluft 180 °C) etwa 15 Minuten backen. Herausnehmen und auskühlen lassen.

4 Die Gelatine in kaltem Wasser einweichen. Quark, Zucker, Salz, Zitronensaft und Rum verrühren. Gelatine ausdrücken und in etwas warmem Wasser auflösen.

5 Etwas Quarkcreme unter die aufgelöste Gelatine rühren und unter die Creme rühren. Die Sahne steif schlagen. Sobald die Creme zu gelieren beginnt, die Sahne unterheben.

6 300 Gramm gefrorene Himbeeren auf dem Boden verteilen. Die Creme daraufgeben und glatt streichen. Mit den restlichen Himbeeren und Schokoblättern verzieren.

Bananen-Quarktorte ❄

Zutaten für 1 Obstkuchenboden
(Fertigware)
Ergibt 12 Stücke

Für den Belag: 400 g Speisequark (20 %)
Saft von 1 Limette • 60 g Zucker
2 Päckchen (je 15 g) Instant-Gelatine
200 ml Schlagsahne • 2–3 Bananen
50 g dunkle Kuchenglasur

1 Quark mit Limettensaft, Zucker und Gelatine etwa 1 Minute gut verrühren. Sahne steif schlagen und unterheben.

2 Bananen in Scheiben schneiden und auf den Boden legen. Die Quarkcreme kuppelförmig darauf verteilen.

3 Kuchenglasur im heißen Wasserbad auflösen und in dünnen Streifen auf der Torte verteilen. Mindestens 3 Stunden kalt stellen.

Vanillecremetorte mit Erdbeeren

→ Foto

→ Foto

TIPP

Der Boden lässt sich gut ein bis zwei Tage vorher vorbereiten. Creme und Früchte erst kurz vor dem Servieren daraufgeben. Der Kuchen gelingt auch in einer rechteckigen Form (35 mal 11 Zentimeter) oder 4 Tortelettformen (12 Zentimeter Durchmesser).

Zutaten für 1 Obstkuchenform (24 cm Ø)
Ergibt 8 bis 12 Stücke

Für den Teig: 250 g Mehl • 1 Prise Salz • 50 g Puderzucker • 125 g Butter oder Margarine • 1 Ei
Für den Belag: 250 g Mascarpone 250 g Cremequark (0,2 % Fett) • 3 EL Vanillepudding (Fertigware) • 1 Päckchen Vanillezucker • 2 EL flüssiger Honig 500 g Erdbeeren • Honig oder Ahornsirup

1 Mehl, Salz, Puderzucker, Fett und Ei zu einem glatten Teig verkneten. Zugedeckt 30 Minuten im Kühlschrank ruhen lassen. Teig auf einer bemehlten Arbeitsfläche ausrollen und die gefettete Form damit auskleiden. Im vorgeheizten Backofen bei 200 °C (Umluft 180 °C) 15 bis 20 Minuten backen. Aus der Form lösen und abkühlen lassen.

2 Mascarpone und Cremequark, Pudding, Vanillezucker und Honig verrühren. Den Boden damit bestreichen. Den Boden mit den Erdbeeren garnieren. Kurz vor dem Servieren mit Honig oder Ahornsirup beträufeln.

Beeren-Quarktorte

Zutaten für 1 Springform (24 cm Ø)
Ergibt 16 Stücke

Für den Teig: 150 g Mehl • 75 g Butter oder Margarine • 30 g Zucker 1 Prise Salz • 1 Eigelb • 1 EL Milch
Für die Füllung: 3 Eigelbe • 150 Zucker 1 Päckchen Vanillezucker • 500 g Speisequark (20 %) • 8 Blatt weiße Gelatine 4 Eiweiß • ¼ l Schlagsahne • 350 g Beeren

TIPP

Statt Beeren können Sie auch alle anderen klein geschnittenen Früchte der Saison verwenden, oder dekorieren Sie den Kuchen mit 100 Gramm kandierten Früchten.

1 Mehl, Fett, Zucker, Salz, Eigelb und Milch verkneten. Teig zu einer Rolle formen, in Frischhaltefolie wickeln und 30 Minuten kalt stellen.

2 Teig auf einer bemehlten Arbeitsfläche ausrollen und den Boden der Springform damit belegen. Im vorgeheizten Backofen bei 200–225 °C (Umluft 180–200 °C) 20 Minuten backen. Auskühlen lassen und mit dem Springformrand umschließen.

3 Eigelb, Zucker und Vanillezucker schaumig rühren, Speisequark dazugeben. Die Gelatine einweichen, ausdrücken und auflösen. Einen Löffel von der Quarkmasse unterrühren, dann den Gelatinemix unter die restliche Quarkmasse rühren.

4 Eiweiß und Sahne getrennt steif schlagen und beides unter die Quarkcreme heben. 150 Gramm Beeren auf den Boden geben, die Quarkcreme daraufgeben und fest werden lassen. Vor dem Servieren die Torte mit einem Messer vom Rand lösen. Mit restlichen Beeren garnieren.

Käseminis

Frischkäse-Amaretto-Doppeldecker

→ Foto

→ Foto

Zutaten für 8 Stück

TIPP

Amaretto ist ein italienischer Mandellikör, der im Geschmack stark an Marzipan erinnert. Er wird aus Mandel- oder Aprikosenkernen hergestellt und mit Gewürzen wie Vanille verfeinert.

Für den Teig: 250 g Mehl • 125 g Butter oder Margarine • 60 g Zucker • 1 Prise Salz • 1 Ei • ½ TL Kakaopulver 1 Päckchen Cappuccinopulver Amaretto
Für die Füllung: 200 g Doppelrahm-Frischkäse • 100 g Joghurt (3,5 %) • 200 g Puderzucker • 2–3 EL Mandellikör

1 Mehl, Fett, Zucker, Salz und Ei in einer Schüssel kurz vermischen. Teig halbieren. Eine Hälfte mit Kakao- und Cappucinopulver verkneten.

2 Beide Teige zu einer Kugel formen und zugedeckt 30 Minuten im Kühlschrank ruhen lassen. Dann kurz auf einer bemehlten Arbeitsfläche miteinander verkneten, sodass ein Marmormuster entsteht. Eine 6 Zentimeter dicke Rolle formen, kühl stellen.

3 Die Rolle in 16 Scheiben schneiden, auf ein mit Backpapier belegtes Blech geben. Im vorgeheizten Ofen bei 200 °C (Umluft 180 °C) 12 bis 15 Minuten backen. Auskühlen lassen.

4 Frischkäse mit Joghurt cremig rühren, Puderzucker und Likör unterrühren. Creme in einen Spritzbeutel füllen und 8 Kekse damit bespritzen. Je einen Keks daraufsetzen.

Bratapfel-Mascarpone-Törtchen

Zutaten für 4 Törtchen (15 cm Ø)

TIPP

Der Boskop ist ein säuerlicher Apfel, der sich besonders gut als Back- oder Bratapfel eignet. Sie können ihn aber auch durch Elstar, Gloster oder Jonagold ersetzen.

Für den Teig: 300 g Mehl • 200 g Butter oder Margarine • 2 Eier • 1 Prise Salz 50 g Zucker
Für den Belag: 4 Boskop-Äpfel 2 EL Zitronensaft • 3 Eier • 1 Prise Salz 60 g Zucker • 250 g Mascarpone 40 g Butter • 1 Prise Zimt • 1 EL Rum

1 Mehl, weiches Fett, Eier, Salz und Zucker kurz verkneten. Zu einer Kugel formen und in Frischhaltefolie gewickelt für 30 Minuten in den Kühlschrank stellen.

2 Formen fetten. Teig in 4 Portionen teilen, auf einer bemehlten Arbeitsfläche ausrollen und die Formen damit auslegen. Im vorgeheizten Backofen bei 200 °C (Umluft 175 °C) etwa 12 bis 15 Minuten backen. Aus den Formen lösen und abkühlen lassen.

3 Äpfel schälen, entkernen und in Spalten schneiden. Mit Zitronensaft beträufeln.

4 Eier trennen. Eiweiß mit dem Salz steif schlagen. Eigelb mit 2 Ess-

löffel Zucker zu einer hellen Creme schlagen. Mascarpone glatt rühren, erst die Eigelbcreme, dann den Schnee unterheben. Kalt stellen.

5 Die Apfelstücke in heißer Butter langsam goldbraun braten. Den restlichen Zucker darüberstreuen und bräunen lassen. Mit Zimt und Rum würzen.

6 Mascarponecreme auf die Böden verteilen. Abgekühlte Äpfel darauf anrichten und servieren.

Quark-Piroggen

→ Foto

Zutaten für 18 bis 20 Stück

Für den Teig: 250 g Mehl • 150 g Weizen-vollkornmehl • 75 g brauner Zucker
½ TL abgeriebene Zitronenschale
200 ml Milch • 1 Würfel Hefe • 75 g Butter oder Margarine
Für die Füllung: 75 g Butter oder Margarine • 500 g Quark (20 %)
1 Päckchen Vanille-Puddingpulver
100 g brauner Zucker • ½ TL abgeriebene Zitronenschale • 1 Ei • 75 g gemahlene Mandeln • 1 Ei zum Bestreichen

1 Mehl, Zucker und Zitronenschale mischen. Milch erwärmen, zer-bröckelte Hefe darin auflösen und mit dem Fett zum Mehl geben. Alles zu einem glatten Teig verkneten. Zuge-deckt an einem warmen Ort 30 Minu-ten gehen lassen.

2 Fett schmelzen und mit Quark, Puddingpulver, Zucker, Zitronen-schale, Ei und Mandeln zu einer glat-ten Creme verrühren. Den Teig kräftig kneten und auf einer bemehlten Arbeitsfläche 3 Millimeter dick aus-rollen. Kreise von 12 ½ Zentimeter Durchmesser ausstechen. Je 1 Ess-löffel Quarkfüllung daraufgeben.

3 Ei trennen. Teigränder mit Eiweiß bestreichen und zur Hälfte über-klappen. Mit den Zinken einer Gabel ein Wellenmuster in die Ränder drü-cken. Eigelb und 1 Esslöffel Wasser verquirlen. Gebäck bestreichen und auf ein Blech mit Backpapier legen.

4 Im vorgeheizten Backofen bei 175 °C (Umluft 150 °C) 10 bis 15 Minuten backen.

TIPP

Mandeln bekommt man als Kern oder fertig gemahlen, mit oder ohne Haut. Ganze Mandelkerne lassen sich zum Mahlen leicht häu-ten, wenn man sie kurz in kochen-des Wasser gibt und dann kalt abschreckt.

Quark-Omeletts mit Blaubeeren

Zutaten für 2 Backbleche
Ergibt 8 Stück

Für den Teig: 4 Eier • 125 g Zucker
1 Prise Salz • 75 g Mehl • 1 Prise Backpul-ver • Zucker für die Arbeitsfläche
Für die Füllung: ¼ l Schlagsahne • 2 EL Schmant (24 %) • ½ TL abgeriebene Zitro-nenschale • 50 g Zucker • 200 g Speise-quark (40 %) • 250 g Blaubeeren

1 Die Eier trennen. Eigelb, 4 Ess-löffel Wasser und 40 Gramm Zucker schaumig schlagen. Eiweiß,

restlichen Zucker und Salz steif schla-gen. Eischnee auf die Eigelbcreme geben. Mehl und Backpulver mischen, darübersieben und unterheben.

2 Backbleche mit Backpapier aus-legen. Je 4 Kreise von 12 Zenti-meter Durchmesser im Abstand von 2 Zentimeter aufzeichnen. Die Biskuit-masse in einen Spritzbeutel mit Loch-tülle geben und spiralförmig aufspritz-zen. Im vorgeheizten Backofen bei 175 °C (Umluft 150 °C) etwa 12 Minu-ten backen.

TIPP

Sie können die Omeletts noch verfeinern, indem Sie Puderzucker darüberstäuben und einige Blättchen Zitronenmelisse als Dekoration hinzufügen.

3 Die Omeletts auf eine mit Zucker bestreute Arbeitsfläche stürzen. Anschließend die Omeletts zur Hälfte überklappen und vollständig auskühlen lassen.

4 Schlagsahne, Schmant, Zitronenschale und Zucker steif schlagen. Speisequark unterheben. Omeletts mit der Quark-Sahne füllen. Blaubeeren auf die Sahne streuen.

Böhmische Quark-Kolatschen

→ Foto

Zutaten für 1 Backblech (30 x 40 cm)
Ergibt 20 Stück

Für den Teig: 30 g Hefe • 75 g Zucker
¼ l Milch • 75 g Butter • 500 g Mehl
2 Eier • 1 Prise Salz
Für den Belag: 2 Eier • 75 g Butter
500 g Magerquark • 180 g Zucker
1 EL Speisestärke • 1 Päckchen
Vanillezucker
Außerdem: 1 Eigelb • 50 g Mandelblättchen

1 Für den Teig die Hefe mit den Händen zerbröckeln und mit 1 Teelöffel Zucker in der lauwarmen Milch auflösen. Die Butter zerlassen. Mit Mehl, restlichem Zucker, Eiern und Salz in eine Schüssel geben.

2 Die Hefemilch zufügen und mit den Knethaken des Handrührers kneten, bis der Teig sich in einer Kugel vom Schüsselboden löst. Den Teig zugedeckt an einen warmen Ort stellen und bis zur doppelten Größe aufgehen lassen.

3 Für den Belag die Eier trennen. Butter zerlassen. Quark mit 100 Gramm Zucker, Eigelb, Butter, Speisestärke und Vanillezucker in eine Schüssel geben und verrühren. Eiweiß mit dem restlichen Zucker zu sehr steifem Schnee schlagen und unter die Quarkcreme heben.

4 Den Teig auf einer bemehlten Arbeitsfläche durchkneten, zu einer langen Rolle formen und in 20 gleich große Stücke teilen. Aus jedem Teigstück einen runden Fladen formen. Dabei einen etwas dickeren Rand bilden.

5 Die Hälfte der Teigfladen auf ein mit Backpapier belegtes Backblech legen und jeweils einen Esslöffel Quarkfüllung auf die Mitte der Fladen geben.

6 Eigelb mit 1 Esslöffel Wasser verrühren und die Teigränder damit bestreichen. Mit Mandelblättchen bestreuen. Im vorgeheizten Backofen bei 200 °C (Umluft 180 °C) 20 bis 25 Minuten backen.

7 Mit den restlichen Teigstücken wie beschrieben verfahren. Die fertigen Kolatschen noch warm servieren.

VARIANTE

Mohn-Quark-Kolatschen

Den Teig wie beschrieben zubereiten und gehen lassen (Schritt 1 bis 2). Für den Belag ein Ei trennen, das Eiweiß mit 20 Gramm Zucker sehr steif schlagen. 250 Gramm Magerquark mit 50 Gramm Zucker, 40 Gramm Butter, 2 Teelöffel Speisestärke, 1 Päckchen Vanillezucker und 150 Gramm backfertiger Mohnfüllung verrühren. Den Eischnee unterheben und die Kolatschen wie beschrieben füllen, mit Eigelb bestreichen und backen (Schritt 4 bis 6). Mit Puderzucker bestäubt servieren.

TIPP

Wenn Sie Eiweiß zu Schnee schlagen wollen, achten Sie darauf, dass die Arbeitsgeräte sauber und fettfrei sind, sonst wird es nicht steif.

TIPP

Backfeste Mohnfüllungen gibt es von verschiedenen Herstellern als Fertigprodukt. Sie können direkt aus der Packung weiterverarbeitet werden und sind besonders aromastark und sorgen für lang anhaltende Saftigkeit des Gebäcks.

Nusshörnchen aus Quarkblätterteig

→ Foto

Zutaten für 1 Backblech
Ergibt 8 Hörnchen

Für den Teig: 250 g Magerquark
250 g Mehl • ¼ TL Backpulver
¼ TL Salz • 1 EL Zucker • 250 g Butter
oder Margarine
Für die Füllung: Je 50 g Haselnuss- und
Walnusskerne • 1 EL Sonnenblumenkerne
120 g Zucker • 5–6 EL Schlagsahne
75 g Rum-Rosinen
Außerdem: 1 Eigelb • 2 TL Zucker
1 EL Milch

TIPP

Rumrosinen können Sie auch selbst herstellen: Dazu die Rosinen waschen, mit Rum beträufeln und anschließend eine Weile ziehen lassen.

TIPP

Stellen Sie gleich eine größere Menge von dem Blätterteig her, dann haben Sie im Handumdrehen fertige Nusshörnchen, wenn Gäste kommen. Der Teig hält sich tiefgekühlt bis zu drei Monaten, im Kühlschrank kann man ihn zwei bis drei Tage aufbewahren.

1 Den Magerquark in ein Haarsieb geben und mindestens 30 Minuten, am besten aber über Nacht, abtropfen lassen. Mehl mit Backpulver, Salz und Zucker mischen. Quark und Fett dazugeben. Mit den Knethaken des Handrührers kurz verkneten.

2 Den Teig mit den Händen auf einer bemehlten Arbeitsfläche kurz glatt kneten und zu einer Kugel formen. In Frischhaltefolie wickeln und etwa 1 Stunde im Kühlschrank ruhen lassen.

3 Den Teig auf einer bemehlten Arbeitsfläche zu einem langen Rechteck ausrollen. Die beiden Schmalseiten so zur Mitte hin falten, dass eine quadratische Teigplatte entsteht.

4 Den Teigblock quer zur Ursprungsrichtung drehen, wieder zu einem Rechteck ausrollen und zusammenfalten. Wie beschrieben noch zwei Mal drehen, falten und ausrollen. Den Teig bis zur Weiterverarbeitung in Schritt 7 in den Kühlschrank legen.

5 Nusskerne und Sonnenblumenkerne im Blitzhacker fein hacken. 100 Gramm Zucker in einen Topf geben. Ohne zu rühren bei milder Hitze schmelzen und leicht braun werden lassen. Anschließend den Topf vom Herd ziehen.

6 Den karamellisierten Zucker mit 1 Esslöffel Wasser und der Sahne ablöschen und unter Rühren dicklich einkochen lassen. Nüsse und Rosinen zufügen.

7 Den Teig etwa 3 Millimeter dick zu einem 80 Zentimeter langen Streifen mit dem Nudelholz ausrollen. Den Streifen zunächst in 4 Quadrate teilen (20 mal 20 Zentimeter).

8 Jedes Quadrat quer halbieren, sodass jeweils 2 gleich große Dreiecke entstehen. Die Dreiecke mit dem restlichen Zucker bestreuen. Jedes Teigstück mit einem Löffel Nussmasse belegen und zu einem Hörnchen aufrollen.

9 Eigelb mit Zucker und Milch verrühren. Die Hörnchen damit bestreichen und mit reichlich Abstand auf ein mit Backpapier belegtes Backblech legen.

10 Im vorgeheizten Backofen bei 200 °C (Umluft 175 °C) etwa 25 Minuten goldbraun backen.

Schillerlocken mit Vanillecreme

→ Foto

Zutaten für 24 Schillerlockenformen

Für den Teig: 900 g TK-Blätterteig
1 Eigelb • 2 EL Milch • 3–4 EL Zucker
Für die Füllung: 150 g Mascarpone
200 g Vanillepudding (Fertigware)
1–2 EL Zucker • 200 ml Schlagsahne
1 Päckchen Vanillezucker

TIPP

Wenn Sie Eiweiß oder Eigelb einfrieren möchten, pinseln Sie einen Eiswürfelbehälter mit etwas Speiseöl aus und frieren Sie so die einzelnen Portionen ein.

1 Die Blätterteigplatten nebeneinanderlegen und auftauen lassen. Eine Platte mit Wasser bestreichen, eine zweite darauflegen und zu einem Rechteck von etwa 47 mal 12 Zentimeter ausrollen. Übrige Teigplatten ebenso ausrollen.

2 Jede ausgerollte Teigplatte in 4 Streifen (etwa 3 mal 47 Zentimeter) schneiden, Streifen spiralförmig um eine Schillerlockenform wickeln.

3 Eigelb und Milch verquirlen. Schillerlocken bestreichen, Schnittkanten frei lassen. Gleichmäßig dünn mit Zucker bestreuen. Mit dem Teigende nach unten auf ein mit Backpapier ausgelegtes Backblech legen.

4 Im vorgeheizten Backofen bei 200 °C (Umluft 180 °C) 15 bis 20 Minuten backen. Formen herausziehen, Gebäck auskühlen lassen.

5 Mascarpone mit den Quirlen des Handrührers aufschlagen. Vanillepudding löffelweise unterschlagen. Mit Zucker abschmecken. Sahne mit Vanillezucker steif schlagen.

6 Die Schillerlocken zur Hälfte mit Vanillecreme füllen und mit einem dicken Tupfen Sahne verschließen.

Eierlikörschnitten

*Zutaten für 1 rechteckige Form
(etwa 2 Liter Inhalt)
Ergibt 16 Stücke*

Für den Teig: 250 g Butter oder Margarine • 200 g Zucker • 300 g Mehl
1 TL Backpulver • 6 Eier • 3 EL Milch
Für die Füllung: 175 ml Eierlikör
400 g Mascarpone
Außerdem: 2 Päckchen Haselnussglasur

TIPP

Als Dekoration können Sie die Schnitten mit bunten Zuckereiern belegen.

1 Fett mit Zucker schaumig schlagen. Mehl, Backpulver, Eier und Milch unterrühren. In die mit Backpapier ausgelegte Form füllen und bei 175 °C (Umluft 160 °C) etwa 45 Minuten backen.

2 Den Kuchen abkühlen lassen und einmal durchschneiden. Die Schnittflächen von beiden Böden mit 125 Milliliter Likör beträufeln.

3 Restlichen Likör mit Mascarpone verrühren und die Böden damit zusammensetzen. Den Kuchen in schmale Schnitten schneiden, mit der geschmolzenen Glasur überziehen.

Avocadoschnitten

→ Foto

Zutaten für 1 Backblech (30 x 40 cm)
Ergibt 12 Stücke

Für den Teig: 50 g Butter oder Margarine
5 Eier • 125 g Zucker • 70 g Mehl
30 g Speisestärke
Für die Füllung: 8 Blatt weiße Gelatine
3 reife Avocados (450 g) • 2 Limetten
2 Eigelbe • 100 g Zucker • 250 g Quark
(20 %) • 3 Eiweiß • 400 ml Schlagsahne
Außerdem: 12 Zitronenspalten

1 Fett schmelzen. Eier trennen. Eigelb, 4 Esslöffel warmes Wasser und Zucker dickschaumig schlagen. Fett unterrühren. Eiweiß steif schlagen und auf die Eigelbcreme geben. Mehl und Speisestärke darübersieben und unterheben. Die Masse auf ein mit Backpapier belegtes Backblech streichen.

2 Bei 200 °C (Umluft 175 °C) 15 bis 20 Minuten backen. Den Biskuitboden stürzen und das Papier abziehen. Auskühlen lassen.

3 Gelatine einweichen. Fruchtfleisch der Avocado mit Limettensaft pürieren. Eigelb und Zucker dickschaumig schlagen. Avocadopüree und Quark unterheben.

4 Gelatine ausdrücken, auflösen und unter das Püree rühren. Eiweiß und Sahne getrennt steif schlagen. Eischnee und die Hälfte der Sahne unter die Creme heben. Creme auf den Biskuit streichen, in 3 gleich große Streifen schneiden und übereinandersetzen. Kalt stellen. Jeden Streifen in 4 Stücke schneiden und mit Sahne und Zitronenspalten garnieren.

TIPP

Um das Fruchtfleisch aus der Avocado zu lösen, halbieren Sie erst die ganze Frucht und nehmen Sie den Stein heraus. Dann das Fleisch mit einem kleinen Löffel aus der Schale kratzen.

Ricotta-Apfel-Minis

Zutaten für 10 Mini-Kastenformen
(10 cm lang) oder 1 Kastenform
(25 cm lang, 1 Liter Inhalt)
Ergibt 10 Stück

Für den Teig: 100 g Butter oder
Margarine • 200 g Zucker • 1 Prise Salz
1 Päckchen Vanillezucker • 1 Päckchen
geriebene Orangenschale • 4 Eier
200 g Ricotta • 300 g Mehl • 1 Päckchen
Backpulver • ⅛ l Milch • 4 kleine rote
Äpfel (400 g)
Außerdem: 2 EL Puderzucker

1 Fett, Zucker, Salz, Vanillezucker und Orangenschale cremig rühren. Eier dazugeben und schaumig schlagen. Ricotta zufügen. Mehl mit Backpulver mischen und zur Fett-Ei-Mischung sieben. Milch zufügen und alles zu einem glatten Teig verrühren.

2 Äpfel waschen, entkernen und in Spalten schneiden. Förmchen fetten. Teig und Apfelspalten abwechselnd so einfüllen, dass der Teig die Form zu gut der Hälfte füllt.

3 Bei 200 °C (Umluft 180 °C) 25 Minuten backen, in der großen Form 50 bis 60 Minuten. Auskühlen lassen, mit Puderzucker bestäuben.

TIPP

Statt der Mini-Kastenformen können Sie auch eine Kastenform mit 25 Zentimetern Länge und für einen Liter Inhalt verwenden.

Gewürzäpfel mit Quarkfüllung

→ Foto

TIPP

Wenn Sie ganze Nelken selbst mahlen, dann rösten Sie sie vorher in einer beschichteten Pfanne ohne Fett kurz an, so lassen sie sich im Mörser leicht zerstoßen und mahlen.

Zutaten für 1 Backblech
Ergibt 4 Stück

Für den Teig: 250 g Mehl • 1 TL gemahlener Zimt • 1 Prise gemahlene Nelken 125 g Butter oder Margarine • 60 g Zucker 1 Prise Salz • 1 Ei
Für die Füllung: 4 mürbe Äpfel (450 g) 1 Scheibe Knäckebrot • 2 EL Magerquark 1 EL Honig • 1 Eigelb
Außerdem: 2 EL Milch • Puderzucker

1 Mehl mit Zimt und Nelken mischen. Zusammen mit Fett, Zucker, Salz und Ei in eine Schüssel geben. Alles kurz verkneten.

2 Teig mit den Händen auf der bemehlten Arbeitsfläche zu einer

Kugel formen, in 4 gleich große Stücke teilen. Jedes Stück auf wenig Mehl zu einem Quadrat von 20 mal 20 Zentimeter ausrollen.

3 Die Äpfel schälen und das Kerngehäuse großzügig ausstechen. Knäckebrot im Mixer fein zerkleinern. Quark mit Honig, Knäckebrotbröseln und Ei verrühren und in die Äpfel füllen. Je einen Apfel in eine Teigplatte einschlagen. Die Teigreste zu Sternen formen und mit Milch ankleben.

4 Äpfel auf ein mit Backpapier ausgelegtes Backblech setzen. Im vorgeheizten Backofen bei 180 °C (Umluft 160 °C) etwa 35 Minuten backen. Mit Puderzucker bestäuben.

Apfel-Kokos-Hahnenkämme

TIPP

Kokosraspel sollte man dunkel und luftdicht aufbewahren, jedoch nicht zu lange, denn sie enthalten Fett und werden daher leicht ranzig.

Zutaten für 1 Backblech
Ergibt 6 Stück

Für den Teig: 125 g Magerquark 125 g Mehl • 125 g Butter oder Margarine 1 Prise Salz • 1 EL Puderzucker
Für die Füllung: 125 g Speisequark (40 %) • 1–2 EL Zucker • 1 TL abgeriebene Orangenschale • 1 Eigelb • 150–200 g mürbe Äpfel • 30 g Kokosraspel
Außerdem: Puderzucker zum Bestäuben

1 Quark mindestens 30 Minuten in einem Haarsieb abtropfen lassen.

Mit Mehl, Fett, Salz und Puderzucker in eine Schüssel geben. Mit den Knethaken des Handrührers zu einem glatten Teig verkneten. 30 Minuten kalt stellen.

2 Quark, Zucker, Orangenschale und Eigelb verrühren. Äpfel schälen, entkernen, in Scheiben schneiden und in Kokosraspeln wälzen.

3 Den Teig auf einer bemehlten Arbeitsfläche ausrollen und in 6 Quadrate von etwa 10 mal 10 Zenti-

meter schneiden. Auf jedes Teigstück einen Esslöffel von der Quarkfüllung geben und die Apfelspalten darauf verteilen.

4 Den Teig so zur Mitte überklappen, dass ein Rechteck entsteht. Ringsherum andrücken. Die Längsseite kammartig einschneiden.

5 Die Hahnenkämme auf ein mit Backpapier belegtes Backblech legen und im vorgeheizten Backofen bei 200 °C (Umluft 180 °C) 25 bis 30 Minuten backen.

6 Etwas abkühlen lassen und erst kurz vor dem Servieren dick mit Puderzucker bestäuben.

Steirische Kürbismuffins

→ Foto

Zutaten für 1 Muffinblech
Ergibt 12 Stück

→ Foto

Für den Teig: 50 g Rosinen • 75 ml
Apfelsaft • 200 g Weizenvollkornmehl
150 g Maisgrieß • 3 TL Backpulver
1 Prise Salz • 250 g Magerquark • 2 EL
brauner Zucker • 1 Ei • 1 Eiweiß • 150 g
Kürbisfleisch, geschält und geraspelt
Für die Streusel: 50 g Haferflocken
50 g Mehl • 100 g Zucker • 100 g Butter

TIPP

Die Butter für die
Streusel können Sie
auch durch Butter-
schmalz ersetzen.
Der feine Butter-
geschmack verbin-
det sich hier mit
hervorragenden
Backeigenschaften.

1 Die Muffinform mit Papierförmchen auslegen. Rosinen in Apfelsaft etwa 15 Minuten einweichen.
Mehl und Grieß mit Backpulver und
Salz mischen. In die Mitte eine Vertie-
fung drücken.

2 Quark, Zucker, Ei und Eiweiß verrühren. Kürbis und Rosinen mit-
samt der Einweichflüssigkeit zufügen
und kurz unterrühren. Die Mischung
zum Mehlgemisch geben und kurz
verrühren.

3 Haferflocken, Mehl, Zucker und
weiche Butter in eine Schüssel
geben und mit den Knethaken des
Handrührers zu einer krümeligen
Streuselmischung verarbeiten.

4 Den Teig in die Muffinformen
verteilen und mit den Streuseln
belegen. Im vorgeheizten Backofen
bei 200 °C (Umluft 180 °C) 20 bis
25 Minuten goldbraun backen.

Quarktörtchen mit Mango

Zutaten für 12 Tarteförmchen
(je 75 ml Inhalt)
Ergibt 12 Stück

Für den Teig: 150 g Mehl • 100 g
Weizenvollkornmehl • 1 TL Backpulver
125 g Butter oder Margarine • 100 g
brauner Rohrzucker • 1 TL abgeriebene
Zitronenschale
Für den Belag: 50 g Honig • 1 EL
Zitronensaft • 1 Ei • 1 Eiweiß
250 g Magerquark • 1 Päckchen Vanille-
Puddingpulver • 2 reife Mangos
Außerdem: 1 EL gehackte Pistazien

TIPP

Mangos reifen am
besten bei Zimmer-
temperatur zwi-
schen 20 und 24 °C
nach. Die Frucht
ist reif, wenn sie
auf Fingerdruck
leicht nachgibt und
süßlich duftet.

1 Mehl, Backpulver, Fett, Rohrzucker und Zitronenschale zu einem
glatten Teig verkneten. Eine Kugel
formen, diese in Frischhaltefolie
wickeln und mindestens 30 Minuten
kalt stellen.

2 Den Teig in 12 Portionen teilen.
Jede Portion auf wenig Mehl
rund ausrollen und die gefetteten
Förmchen damit auslegen. Den Rand
gut andrücken.

3 Honig und Zitronensaft cremig
rühren. Ei und Eiweiß unterrühren, dann den Quark und das Puddingpulver ebenfalls dazugeben und
unterrühren. Die Quarkcreme in die
Törtchen füllen.

4 Mangos schälen und in Spalten vom Stein schneiden. Das Fruchtfleisch in Würfel schneiden und auf die Quarkcreme geben. Den Rand der Törtchen mit Pistazien bestreuen.

5 Die Törtchen im vorgeheizten Backofen bei 175 °C (Umluft 150 °C) etwa 30 Minuten backen. Herausnehmen, etwas abkühlen lassen und aus den Förmchen lösen.

Schokomuffins mit Ricotta-Mandel-Füllung → Foto

Zutaten für 1 Muffinblech
Ergibt 12 Muffins

Für den Teig: 250 g Mehl • 2 TL Kakaopulver • 3 TL Backpulver • 75 g Butter
oder Margarine • 1 Ei • 125 g Zucker
1 Päckchen Vanillezucker • 300 g Vanille-
Joghurt (Fertigware)
Für die Füllung: 15 Amarettini
150 g Ricotta
Außerdem: 150 g Nugatschokolade
50 ml Schlagsahne • 1 EL Schokostreusel

1 Mehl mit Kakao und Backpulver
mischen. Fett, Ei, Zucker, Vanillezucker und Joghurt mit den Quirlen
des Handrührers verrühren. Amarettini
zerbröseln und mit Ricotta verrühren.

2 Die gefetteten Mulden etwa zur
Hälfte mit dem Schokoteig füllen.
Ricotta-Mix darauf verteilen. Den restlichen Teig darübergeben. Im vorgeheizten Backofen bei 180 °C (Umluft
160 °C) 20 bis 25 Minuten backen.

3 Die Muffins im Blech noch etwa
10 Minuten stehen lassen. Erst
dann aus den Formen lösen und auf
einem Kuchengitter abkühlen lassen.

4 Die Nugatschokolade mit Sahne
in einem Topf bei milder Hitze
unter Rühren schmelzen. Vom Herd
nehmen, kurz abkühlen lassen. Die
Muffins damit bestreichen und mit
Schokostreuseln bestreuen.

TIPP

Amarettini sind
kleine runde und
sehr krosse Gebäck-
stücke, die in Italien
zu Espresso oder
Cappuccino gereicht
werden. Sie werden
aus Eischnee,
Zucker, Mandeln
und Mandellikör
hergestellt.

Johannisbeerschiffchen mit Mascarpone

Zutaten für 12 Schiffchenförmchen
(11 cm lang, je 35 ml Inhalt)
Ergibt 12 Stück

Für den Teig: 125 g Mehl • 75 g Puderzucker • 1 Eigelb • 1 Prise Salz
75 g Butter oder Margarine
Für die Füllung: 200 g Rote Johannisbeeren • 200 g Weiße Johannisbeeren
60 ml Schlagsahne • 250 g Mascarpone
1–2 EL Zucker • 3–4 EL Mandellikör

1 Mehl, Puderzucker, Eigelb, Salz
und Fett zu einem glatten Teig
verkneten. Zu einer Kugel formen, in

Frischhaltefolie wickeln und 30 Minuten kalt stellen.

2 Die Förmchen fetten und eng
zusammenstellen. Den Teig auf
einer bemehlten Arbeitsfläche 3 Millimeter dick ausrollen, um eine Kuchen-
rolle wickeln und über den Förmchen
wieder abwickeln. Boden und Seiten
der Förmchen mit dem Teig auskleiden. Überstehende Teigränder
abschneiden.

3 Teig mit einer Gabel mehrmals
einstechen und im vorgeheizten

TIPP

Wer keine Schiff-
chenförmchen hat,
kann stattdessen
auch runde Torte-
lettförmchen
verwenden.

Backofen bei 200 °C (Umluft 175 °C) 15 bis 20 Minuten backen. Aus den Förmchen stürzen und auf einem Kuchengitter auskühlen lassen.

4 Johannisbeeren waschen und trocken tupfen. Schlagsahne steif schlagen. Mascarpone, Zucker und Mandellikör verrühren und unter die Sahne heben. Creme in einen Spritzbeutel mit Sterntülle füllen und in die Schiffchen spritzen. Zum Schluss die Johannisbeeren dekorativ auf der Creme verteilen.

Fruchttortelets

→ Foto

Zutaten für 6 Tortelettförmchen
(10 cm Ø)
Ergibt 6 Stück

Für den Teig: 150 g Mehl • 100 g
gemahlene Mandeln • 125 g Butter
60 g Zucker • 1 Prise Salz • 1 Eigelb
Hülsenfrüchte zum Blindbacken
Für die Füllung: 400 g Frischkäse
mit Erdbeeren (z. B. Obstgarten)
2 Sternfrüchte (Karambolen) • 100 g
Erdbeeren • 1–2 EL heller Rübensirup
Einige Blättchen Minze

1 Mehl, Mandeln, Butter, Zucker,
Salz, Eigelb und 2 EL kaltes Wasser zügig mit den Händen zu einem
glatten Teig verkneten. Den Teig in
Frischhaltefolie wickeln und 30 Minuten kalt stellen.

2 Den Teig auf einer bemehlten
Arbeitsfläche ausrollen und in die
gefetteten Förmchen legen. Mit einer
Gabel mehrmals einstechen, mit
Backpapier belegen und die Hülsen-
früchte einfüllen. Im vorgeheizten
Backofen bei 200 °C (Umluft 180 °C)
15 bis 20 Minuten backen.

3 10 Minuten abkühlen lassen,
dann Hülsenfrüchte und Backpapier entfernen, vorsichtig aus den
Formen lösen und abkühlen lassen.

4 Frischkäse verrühren und in die
Torteletts füllen. Sternfrüchte in
Scheiben schneiden, Erdbeeren hal-
bieren. Die Früchte auf dem Quark
verteilen und mit dem Sirup beträufeln.
Mit frischer Minze dekorieren.

TIPP

Die Torteletts kön-
nen Sie eine Woche
gut verschlossen
in einer Blechdose
aufbewahren und
dann nach Belieben
füllen. Auch gut:
Ananas-Frischkäse
mit frischer Mango
oder Himbeer-
Frischkäse mit
Pfirsichspalten.

Traubentörtchen

Zutaten für 1 Muffinblech
Ergibt 12 Stück

Für den Teig: 300 g Mehl • 200 g Butter
oder Margarine • 100 g Zucker • 3 Eigelbe
Für den Belag: 250 g kernlose Weintrauben • 200 g Speisequark (40 %)
3 Eier • 2–3 EL Zucker • 1 Päckchen
Vanillezucker

1 Mehl, Fett, Zucker und Eigelb zu
einem glatten Teig verkneten. Zu
einer Kugel formen, in Frischhaltefolie
wickeln und 30 Minuten kalt stellen.

2 Den Mürbeteig in 12 Portionen
teilen. Muffinblech fetten. Die

Teigportionen auf einer bemehlten
Arbeitsfläche mit den Händen flach
drücken und die Formen mit Teig auskleiden.

3 Die Weintrauben waschen, von
den Stielen zupfen und auf die
Förmchen verteilen. Quark mit Eiern,
Zucker und Vanillezucker verrühren
und über den Trauben verteilen.

4 Im vorgeheizten Backofen bei
200 °C (Umluft 180 °C) etwa
35 Minuten backen. Die Traubentört-
chen vorsichtig aus der Muffinform
heben und auf einem Kuchengitter
auskühlen lassen.

TIPP

Kernlos sind
beispielsweise die
Traubensorten
»Thompson Seed-
less«, »Sultanina«
oder »Superia«.

Gefülltes Quarkgebäck → Foto

Zutaten für 2 Backbleche
Ergibt 12 Stück

Für den Teig: 200 g Buttermilchquark
100 g Zucker • 1 Prise Salz • 1 Ei
1 Eigelb • 8 EL Öl • 350 g Mehl
½ Päckchen Backpulver
Für die Füllung: 200 g getrocknete Pflaumen • 200 g Marzipanrohmasse • 1 Eiweiß
Außerdem: 100 g Puderzucker • 2 EL
Mandellikör

1 Den Quark 15 Minuten abtropfen
lassen. Mit Zucker, Salz, Ei und
Eigelb verrühren. Das Öl nach und
nach unterrühren. Mehl mit Backpulver mischen und unter die Quarkmasse rühren. Den Teig zu einer Kugel
formen, in Frischhaltefolie wickeln und
10 Minuten ruhen lassen.

2 Die Hälfte des Teiges auf einer
bemehlten Arbeitsfläche zu

einem etwa 30 mal 24 Zentimeter großen Rechteck ausrollen und in 6 Stücke von 10 mal 12 Zentimeter teilen.

3 Die Pflaumen und die Marzipanrohmasse würfeln und mischen.
Die Hälfte der Mischung auf den
Rechtecken verteilen. Das Eiweiß
etwas verquirlen und die Ränder des
Teiges damit dünn bestreichen. Die
Teigstücke überklappen und andrücken. An der Längsseite in fingerbrei-
ten Abständen leicht einschneiden.

4 Auf ein mit Backpapier belegtes
Blech setzen und im vorgeheizten
Backofen bei 200 °C (Umluft 180 °C)
20 bis 25 Minuten backen. Restlichen
Teig und Füllung ebenso verarbeiten.

5 Puderzucker und Mandellikör
verrühren und das abgekühlte
Gebäck damit bestreichen.

Mascarponewaffeln

Zutaten für 10 Stück

Für den Teig: 75 g Butter oder Margarine
200 g Mascarpone • 1–2 EL Zucker
3 Eier • 200 g Mehl • 1 TL Backpulver
220 ml Milch
Für den Belag: 750 g geputzte Früchte,
z. B. Erdbeeren, Himbeeren oder Brombeeren • 200 ml Ahornsirup oder Honig
Einige Minzeblättchen

1 Fett mit Mascarpone schaumig
rühren. Zucker und Eier unterschlagen. Mehl und Backpulver

mischen und mit der Milch zum Teig
geben. Kräftig aufschlagen und 30
Minuten zum Quellen stehen lassen.

2 Die Früchte klein schneiden. Das
Waffeleisen aufheizen und einfetten. Pro Waffel etwa eine kleine
Schöpfkelle Teig auf das Eisen geben,
das Eisen schließen und die Waffeln in
etwa 5 Minuten goldbraun backen.

3 Die Waffeln auf einem Teller mit
den Früchten anrichten. Mit Sirup
beträufeln, mit Minze garnieren.

Kiwitorteletts

→ Foto

*Zutaten für 12 Tortelettförmchen
(6 cm Ø)
Ergibt 12 Stück*

TIPP

Diese Törtchen
sollten Sie erst kurz
vor dem Genuss
füllen. Kiwis ent-
halten nämlich
ein Enzym, das
Milchprodukte nach
einiger Zeit bitter
werden lässt.

Für den Teig: 250 g Mehl • 125 g Butter
60 g Zucker • Abgeriebene Schale von
1 unbehandelten Zitrone • 1 Prise Salz
1 Ei • Hülsenfrüchte zum Blindbacken
Für die Füllung: 1 Granatapfel
250 g Ricotta • 2 EL Zucker • 5 Kiwis

1 Mehl, Butter, Zucker, abgeriebene Zitronenschale, Salz und Ei zügig mit den Händen zu einem glatten Teig verkneten. Den Teig in Frischhaltefolie wickeln und 30 Minuten kalt stellen.

2 Den Teig auf einer bemehlten Arbeitsfläche ausrollen, um ein Nudelholz wickeln. Gefettete Tortelettformen ganz dicht nebeneinanderstellen und den Teig darüber abwickeln. Mit den Händen in die Formen drücken. Den Teig mit einer Gabel mehrmals einstechen, mit Backpapier belegen und die Hülsenfrüchte einfüllen. Im vorgeheizten Backofen bei 200 °C (Umluft 180 °C) etwa 20 Minuten backen.

3 Die Torteletts etwa 10 Minuten abkühlen lassen, dann die Hülsenfrüchte und das Backpapier entfernen, die Torteletts vorsichtig aus den Formen lösen und auf einem Kuchengitter abkühlen lassen.

4 Für die Füllung den Granatapfel halbieren, eine Hälfte auf der Zitruspresse ausdrücken, die Kerne aus der anderen Hälfte mit einem Teelöffel auslösen. Ricotta mit Zucker und Granatapfelsaft cremig rühren.

5 Die Kiwis schälen, einige Scheiben beiseitelegen, den Rest würfeln. Kiwiwürfel und Granatapfelkerne unter den Ricotta heben, die Füllung in die Torteletts füllen und mit den beiseitegelegten Kiwischeiben verzieren.

Quarktörtchen mit Kirschen

*Zutaten für 1 Muffinblech
Ergibt 12 Stück*

TIPP

Wer keinen Hagel-
zucker mag, kann
die Kirschtörtchen
auch mit Haselnuss-
krokant bestreuen
oder mit Puder-
zucker bestäuben.

Für den Teig: 150 g Butter oder
Margarine • 200 g Zucker • 3 Eier
750 g Magerquark • 1 Päckchen
Vanille-Puddingpulver • 2–3 EL Grieß
700 g Sauerkirschen
Außerdem: 1 EL Hagelzucker

1 Fett und Zucker schlagen, bis sich der Zucker aufgelöst hat.

Eier, Quark, Puddingpulver und Grieß unterrühren.

2 Kirschen waschen und entsteinen. Das Blech mit Papierförmchen auslegen und die Quarkmasse einfüllen. Kirschen darauf verteilen.

3 Die Quarktörtchen im vorgeheizten Backofen bei 175 °C (Umluft 150 °C) 35 Minuten backen. Mit Hagelzucker bestreuen.

Fruchtiger Käsekuchen mit gelber Grütze

→ Foto

Zutaten für 4 Mini-Kastenformen (Inhalt 200 ml) oder 8 bis 10 Muffins Ergibt 8 Portionen

→ Foto

Für den Teig: 50 g Butter • 75 g Zucker 2 Eier • 3 EL Grieß • 400 g Schichtkäse (20 %) • 350 g Apfelmus
Für die Grütze: 2 Nektarinen 4 Aprikosen • 200 ml Orangensaft 2 EL Zucker • 1 EL Speisestärke
Außerdem: Frische Früchte der Saison 1 EL Puderzucker • 1 EL fein gehackte Pistazien

1 Butter und Zucker schaumig rühren. Die Eier trennen. Eigelb, Grieß, Schichtkäse und Apfelmus zugeben und unterrühren. Das Eiweiß steif schlagen und unterheben.

2 Die Förmchen fetten und den Kuchenteig einfüllen. Im vorgeheizten Backofen bei 180 °C (Umluft 160 °C) etwa 45 Minuten backen. Auf einem Kuchengitter abkühlen lassen.

3 Die Früchte waschen und würfeln. Den Orangensaft mit Zucker aufkochen. Stärke mit 2 Esslöffel Wasser glatt rühren und den Saft damit binden. Die Fruchtwürfel unterrühren und das Kompott abkühlen lassen.

4 Zum Anrichten 2 bis 3 Scheiben Käsekuchen in die Mitte eines großen Tellers legen. Einige Esslöffel Grütze dazugeben und mit frischen Früchten garnieren. Mit etwas Puderzucker und Pistazien bestreuen.

TIPP

Eiweiß sollte man immer erst kurz vor dem Weiterverarbeiten zu Schnee schlagen. Bei längerem Stehen bei Zimmertemperatur wird der Eischnee sonst schnell wieder flüssig.

Quarkkrapfen mit Mirabellen

Zutaten für 16 Stück

Für den Teig: 20 g Margarine • 50 g Zucker • 1 TL abgeriebene Zitronenschale 1 Ei • 125 g Magerquark • 150 g Mehl 1 Päckchen Trockenhefe
Für die Füllung: 400 g Mirabellen
Außerdem: Pflanzenfett zum Ausbacken Etwas Zucker zum Wälzen

1 Margarine, Zucker, Zitronenschale und Ei mit den Quirlen des Handrührers cremig schlagen. Den Quark dazugeben.

2 Das gesiebte Mehl mit der Trockenhefe mischen und ebenfalls zur Masse geben. Alles zu einem glatten Teig verrühren. Zugedeckt an einem warmen Ort etwa 20 Minuten gehen lassen.

3 Die Mirabellen waschen und entlang der Naht mit einem Messer zur Hälfte einschneiden. Die Fruchtsteine vorsichtig herauslösen. Den Quarkteig nochmals kräftig durchkneten und weitere 20 Minuten ruhen lassen.

TIPP

Wenn Sie keine frischen Mirabellen bekommen, können Sie stattdessen auch auf Aprikosen zurückgreifen.

4 Mit 2 Esslöffeln Klöße vom Teig abstechen, etwas flach drücken. Je 2 bis 3 Mirabellen (oder 1 entsteinte Aprikose) hineingeben und den Kloß zusammendrücken. Fett in einem hohen Topf oder einer Friteuse auf etwa 170 °C erhitzen.

5 Krapfen portionsweise im heißen Fett etwa 4 Minuten goldgelb ausbacken. Mit einer Schaumkelle herausnehmen und auf Küchenpapier gut abtropfen lassen. Krapfen noch heiß in Zucker wälzen und sofort servieren.

Kokos-Blutorangen-Omeletts

→ Foto

Zutaten für 2 Backbleche
Ergibt 8 Stück

Für den Teig: 4 Eier • 125 g Zucker
1 Prise Salz • 75 g Mehl • 1 Prise Backpulver • 50 g Kokosflocken • Zucker für
die Arbeitsfläche
Für die Füllung: 5 Blutorangen
6 Blatt weiße Gelatine • 3 Eigelbe
50 g Puderzucker • 1 EL Zitronensaft
1 TL abgeriebene Orangenschale
2–3 TL Orangenlikör • 200 g Magerquark
200 ml Schlagsahne

1 Eier trennen. Eigelb, 4 Esslöffel
Wasser und 40 Gramm Zucker
dickschaumig schlagen.

2 Eiweiß, restlichen Zucker und
Salz steif schlagen. Eischnee auf
die Eigelbcreme geben. Mehl und
Backpulver vormischen, darübersieben und unterheben.

3 Backbleche mit Backpapier auslegen. Je 4 Kreise von 12 Zentimeter Durchmesser im Abstand von
2 Zentimeter aufzeichnen.

4 Biskuitmasse in einen Spritzbeutel mit Lochtülle geben und
spiralförmig auf die vorgezeichneten
Kreise spritzen.

5 Mit Kokosflocken bestreuen.
Im vorgeheizten Backofen bei
175 °C (Umluft 150 °C) etwa 12 Minuten backen.

6 Omeletts auf eine mit Zucker
bestreute Arbeitsfläche stürzen

und das Backpapier abziehen. Die
Omeletts noch warm zur Hälfte überklappen und anschließend auskühlen
lassen.

7 Eine Blutorange auspressen, die
restlichen Früchte dick schälen.
Die Filets zwischen den Trennhäuten
herauslösen, den Saft dabei auffangen. ⅛ Liter von dem Saft abmessen
und die Gelatine in etwas Wasser einweichen.

8 Eigelb, Puderzucker, Zitronensaft,
Orangenschale, Orangenlikör und
-saft in eine Schüssel geben und verrühren. Im heißen Wasserbad mit dem
Schneebesen des Handrührers dickschaumig aufschlagen.

9 Gelatine ausdrücken und in der
Creme auflösen. Quark unterrühren, die Creme bis zur Weiterverarbeitung kalt stellen.

10 Sahne steif schlagen. Sobald
die Creme zu gelieren beginnt,
Sahne unterheben. Die Biskuit-Ome-
letts mit der Creme und den Orangenfilets füllen.

INFO

Die Saison für Blutorangen beginnt
im Januar, dann ist das Fruchtfleisch
noch hellrot. Danach wird es immer
dunkler, bis es im März fast so dunkel
wie Burgunder wird. Die Farbe wech-
selt – der Geschmack ist jedoch von
Anfang an einzigartig.

TIPP

Bewahren Sie Oran-
gen am besten dun-
kel auf, sie mögen
Temperaturen um
die 10 °C. Die Halt-
barkeit beträgt etwa
zwei Wochen, aller-
dings geht ihr Vita-
mingehalt bei der
Lagerung zurück.

TIPP

Verwenden Sie
selbst gemachte
Kokosraspel aus
der frischen
Nuss. Dazu die
Schale mit einem
Hammer sprengen,
das Kokosfleisch
herauslösen und
in der Küchen-
maschine raspeln.

Über dieses Buch

Die Autorin

Elisabeth Lange hat Ernährungswissenschaften studiert und arbeitet seit vielen Jahren für Zeitschriften- und Buchverlage. Besonders auf dem Gebiet der Ernährungsratgeber hat sie sich einen Namen gemacht. Sie lebt in Hamburg.

Der Fotograf

Karl Newedel arbeitete elf Jahre als gelernter Koch und Küchenchef in der Spitzengastronomie, bevor er sich als freischaffender Foodstylist einen Namen machte und dabei seine Liebe zur Fotografie entdeckte. Seit 1996 leitet er in München sein eigenes Fotostudio, in dem bereits zahlreiche, zum Teil national wie international ausgezeichnete Kochbücher entstanden sind.

Bildnachweis

Alle Fotos: Karl Newedel, München, mit Ausnahme folgender Fotos: Weltbild Bildarchiv (2, 13, 15), Helga Florian, Weiden (6/7, 11, 25, 27, 37, 39, 41, 43, 47, 51, 55, 65, 73, 85, 87, 89, 91, 93, 95, 97), Barbara Lutterbeck, Köln (61, 63, 75, 79, 81, 83, 135, 137), Yves Hebinger, Bad Wörishofen (49), Wolfgang Feiler (10, 129, 131)

Das Rezept zum Titelfoto finden Sie auf Seite 24.

Hinweis in eigener Sache

Unsere Rezepte werden von erfahrenen Autoren kreiert und erprobt. Wir freuen uns jedoch über Anregungen, Tipps oder Kritik und helfen bei Fragen gerne weiter. Bitte wenden Sie sich an: Weltbild Buchverlag, Steinerne Furt, 86167 Augsburg, oder schicken Sie uns eine E-Mail an: Gabriele.Beck@weltbild.com

---

D A N K

Der Verlag bedankt sich ganz herzlich bei Frauke Westphal und Familie für das Testbacken und Vorkosten der Kuchen und für die vielen hilfreichen Kommentare und begeisterten Rückmeldungen!

Haftungsausschluss

Die Inhalte dieses Buches sind sorgfältig recherchiert und erarbeitet worden. Dennoch kann weder die Autorin noch der Verlag für die Angaben in diesem Buch eine Haftung übernehmen.

Impressum

Es ist nicht gestattet, Abbildungen und Texte dieses Buches zu digitalisieren, auf digitale Medien zu speichern oder einzeln oder zusammen mit anderen Bildvorlagen/Texten zu manipulieren, es sei denn mit schriftlicher Genehmigung des Verlages.

Weltbild Buchverlag
–Originalausgaben–
© 2008 Verlagsgruppe Weltbild GmbH, Steinerne Furt, 86167 Augsburg
Alle Rechte vorbehalten

Projektleitung:
Bettina Spangler
Umschlagfoto:
Frank Wieder, Stockfood
Umschlaggestaltung:
X-Design, München
Innenlayout:
Dirk Risch, Berlin und
X-Design, München
Satz/Layoutrealisation:
Lydia Kühn
Reproduktion:
Point of Media GmbH, Augsburg
Druck und Bindung:
Offizin Andersen Nexö Leipzig GmbH, Zwenkau

Gedruckt auf chlorfrei gebleichtem Papier

Printed in the EU

ISBN 978-3-89897-816-3

Von A bis Z

Käsekuchen aus dem Kühlschrank

Für die folgenden Käsetorten können Sie Ihren Backherd einmal links liegen lassen.
Sie bestehen aus einem Boden, der aus Kekskrümeln, Cornflakes oder Ähnlichem gefertigt wird,
und kommen dann in den Kühlschrank, bis der Belag sich verfestigt hat. Ein köstlich-kühler Genuss,
der besonders an heißen Sommertagen für Begeisterung sorgen wird.
Sie erkennen die Rezepte an dem Eiskristallsymbol. ❋